LA

Journée du 29 août 1870

A

L'ARMÉE DE LA MEUSE

Par P. N.

Chef d'escadron d'artillerie

PARIS

LIBRAIRIE MILITAIRE R. CHAPELOT ET Cⁱᵉ

IMPRIMEURS-ÉDITEURS

30, Rue et Passage Dauphine, 30

—

1909

Tous droits réservés.

LA

Journée du 29 août 1870

A

L'ARMÉE DE LA MEUSE

PARIS. — IMPRIMERIE R. CHAPELOT ET Cᵉ, 2, RUE CHRISTINE.

LA

Journée du 29 août 1870

A

L'ARMÉE DE LA MEUSE

Par P. N.

Chef d'escadron d'artillerie

PARIS

LIBRAIRIE MILITAIRE R. CHAPELOT ET Cie

IMPRIMEURS-ÉDITEURS

30, Rue et Passage Dauphine, 30

—

1909

I

Le prologue de Sedan.

La situation de l'armée de Châlons, au 28 août 1870, était incontestablement compromise : elle n'était cependant pas désespérée. Il eut suffi que le Maréchal, brisant résolument le fil télégraphique qui le rendait solidaire des conceptions de l'Impératrice-Régente, ordonnât le demi-tour à marches rapides comme il en avait eu tout d'abord la pensée. Peut-être eût-il évité ainsi une catastrophe totale.

Malheureusement, le Maréchal n'était qu'un soldat, peu enclin à discuter les ordres reçus. Il allait donc droit son chemin vers la Meuse avec, sans doute, l'espoir secret de recevoir enfin la dépêche lui prescrivant la retraite sur Paris.

Mais les événements se précipitaient.

Après le combat de Nouart, le 29 août, qui eut pour conséquence immédiate le désastre du 5ᵉ corps français à Beaumont, l'armée de Châlons allait se trouver virtuellement à la merci des armées allemandes.

Sans avoir jusque-là combattu, tassée sous les murs de Sedan, elle allait pendant vingt-quatre heures flotter désemparée, pour se ressaisir soudain et faire tête, une première et dernière fois, comme une bête traquée et qui sent la mort proche.

La journée de Sedan marqua l'aboutissement nécessaire de la méthodique stratégie allemande. Ce fut l'inévitable dénoûment du drame; et, si cette journée eut des conséquences aussi totales, on est fondé à en voir la cause première — d'ordre purement tactique — dans les événements du 29 août, qui font l'objet de cette étude.

Toutefois, notre intention n'est pas d'en présenter un tableau historique; la critique y a largement pourvu en ces dernières années et, grâce à elle, nous n'ignorons plus grand' chose des mobiles divers qui ont amené la catastrophe.

Plus modestement, nous nous proposons de reprendre les *faits*, de les examiner à un point de vue purement objectif et d'en tirer, dans la mesure de nos moyens, les enseignements militaires qu'ils comportent. La leçon ne vaudra certes pas l'intention.

II

Les mouvements du 28 août.

Le 27 août au soir, à la suite du mouvement général de conversion des armées vers le Nord, l'armée de la Meuse avait atteint la ligne *Montfaucon* (Garde), *Dun* (XIIe saxon). Le IVe corps était en arrière, à *Germonville*. Enfin, le quartier général de l'armée se trouvait à *Malancourt*, entre le IVe corps et la Garde (*voir croquis n° 1*); quatre divisions de cavalerie tenaient le front Monthois-Buzancy-Nouart.

En arrière de l'armée de la Meuse, les corps bavarois étaient sur la ligne *Nixéville* (I^B) et *Dombasle-Clermont en Argonne* (II^B).

Enfin, sur le revers ouest de l'Argonne, un peu au sud de Sainte-Menehould, les corps de la IIIe armée, après avoir fait tête de colonne à droite, se trouvent en colonne serrée, échelonnés dans l'ordre V^e, XIe, VIe corps, de Sainte-Menehould à Vanault-les-Dames.

Le grand quartier général est installé à Clermont-en-Argonne; il y restera jusqu'au 29, date à laquelle il se transportera à Grandpré.

Or, le même soir 27 août, le grand quartier général concluait, de l'ensemble des renseignements fournis par les divisions de cavalerie opérant sur le front, que l'adversaire s'avançait « *en partie par Buzancy, en partie par Beaumont, mais que, selon toute apparence, son mouve-*

ment avait subi un arrêt le 27 (donc dans la journée) et que, en tout cas, il n'avait pas atteint la Meuse ».

Ce bulletin de renseignements était donc extrêmement net dans sa facture; il était, de plus, très près de la vérité.

Il était bien certain, en effet, que l'adversaire n'avait pas franchi encore la Meuse, à Stenay tout au moins, puisque ce bourg avait été occupé dans la journée par un détachement du XII⁰ corps; d'autre part, aux abords de la Meuse, on n'avait vu que de la cavalerie, et enfin les « *masses signalées la veille à Vouziers s'y trouvaient encore le 27* ».

L'armée de Châlons se trouvait donc bien à portée, et dès lors « *il paraissait possible de joindre l'adversaire sur la rive gauche.* » Les mesures prises pour le 28 allaient donc tendre à ce but, car « *on était en droit d'admettre, d'après les positions actuelles des corps de l'armée de la Meuse et de la III⁰ armée, qu'il serait possible de l'atteindre avec des forces supérieures...* »

En conséquence, les prévisions de de Moltke au sujet d'une concentration vers Damvillers pouvaient être abandonnées. Les mesures en voie d'exécution étaient contremandées; le concours de l'armée de Metz devenait inutile.

L'ordre d'armée lancé par de Moltke le 27, à 11 heures du soir, faisait naturellement état de ces déductions et réglait les marches des corps de la III⁰ armée et de l'armée de la Meuse pour les journées des 28 et 29, de manière à pouvoir compter *le 29 sur 5 corps alignés, de Grandpré à Nouart.*

Dans ses prévisions, le général de Moltke faisait entrer évidemment les trois corps de l'armée de la Meuse (XII⁰, Garde et IV⁰ corps), du II⁰ bavarois et de l'un des deux corps, I⁰ᵉʳ bavarois ou V⁰ corps qui, en effet, pouvaient avoir atteint le front désigné le 29 (*voir croquis n° 1*).

La bataille pouvait donc être envisagée sans crainte

Croquis nº 1.

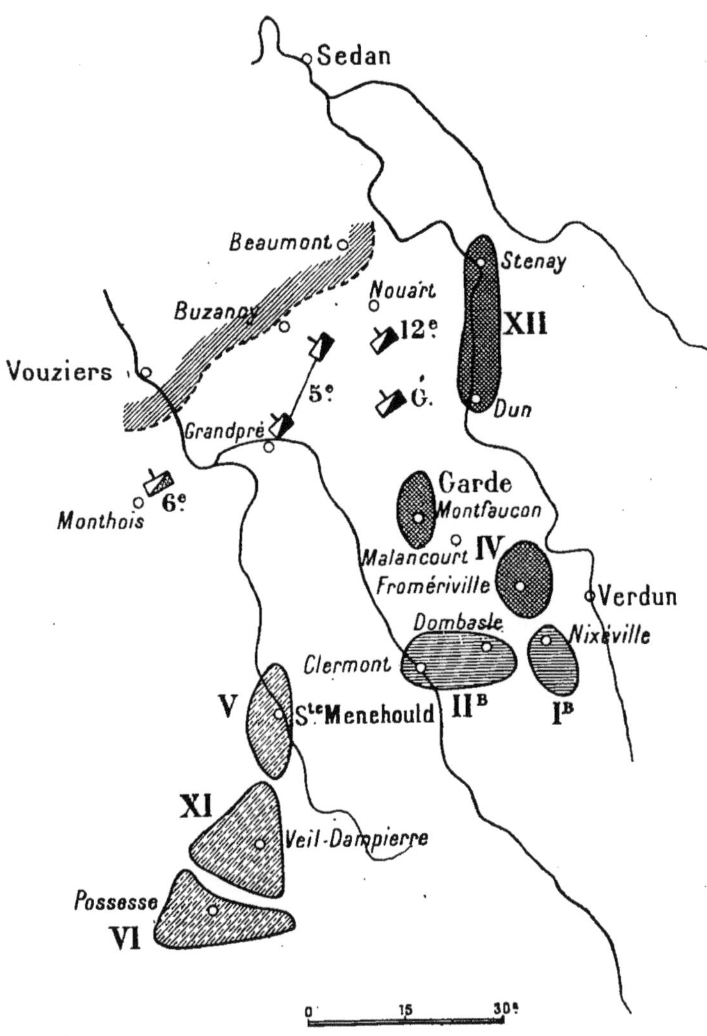

Situation le 27 août (soir).

puisque l'on disposerait de quatre corps pour le premier jour, de cinq et peut-être de six pour la seconde journée.

Comme on le sait, et pour des raisons qui seront examinées plus loin, cette bataille préparée pour le 29 ne devait pas avoir lieu. Mais ici encore apparaît le souci constant de de Moltke — s'assurer la supériorité du nombre — qui, au fond, constitue toute sa stratégie ; ici se dévoile encore sa méthode de guerre qui, tout en relevant plus de l'arithmétique que de l'art proprement dit, ne pouvait manquer de le conduire à de grands résultats en face d'un adversaire qui limitait ses combinaisons à l'exécution de marches sans but bien défini.

Quoi qu'il en soit, les mouvements prescrits par l'ordre de 11 heures du soir s'exécutent dans la journée du 28.

En ce qui concerne l'armée de la Meuse, le XIIe corps demeure à Dun, avec une avant-garde (48e brigade) à Stenay (ce corps est en place depuis la veille) ; le IVe corps vient à Montfaucon, et la Garde à Banthéville ; les ponts que ces deux corps avaient jeté sur la Meuse, le 27, alors que la direction générale de la marche était Damvillers, sont repliés.

Les deux corps bavarois et le Ve corps avaient atteint la ligne Varennes — Vienne — Le Château — Cernay-en-Dormois. Quant aux XIe et VIe corps de la IIIe armée, ils s'échelonnaient derrière le Ve corps.

Or, pendant l'exécution de ces marches quels renseignements avait-on recueillis sur l'ennemi ?

L'armée de la Meuse, maintenant orientée droit au Nord, était couverte sur son front par quatre divisions de cavalerie, les 5e, 6e, 12e et la division de cavalerie du corps de la Garde.

Pour la journée du 28, la 12e division et la division de la Garde devaient *opérer de concert*, la première, de Nouart sur Beaumont ; la seconde, de Rémonville sur Buzancy, de manière à rétablir le contact perdu la veille. Quant aux 5e et 6e divisions de cavalerie, qui avaient couché à Grandpré et à Monthois, elles devaient, toutes deux, suivre le mouvement de l'armée française sur son flanc droit et « continuer provisoirement à se maintenir reliées à la division de cavalerie de la Garde. »

Enfin, comme on craignait de voir les Français se dérober vers le Nord, les quatre divisions avaient reçu l'ordre de ne pas se montrer trop pressantes, recommandation peut-être superflue en la circonstance, étant donné le mordant restreint dont elles avaient fait preuve jusque-là.

Cependant, le contact fut repris partout sans difficultés puisque, du côté français, le commandement laissait sa cavalerie aux bagages, faute de savoir où et comment l'employer.

La conséquence fut que, dans cette journée du 28 août, le grand quartier général reçut douze dépêches, contenant comme toujours du vrai et du faux, et au sujet desquelles nous ferons quelques remarques.

Ce qui frappe, quand on va un peu au fond des choses, c'est le temps que demande la transmission. Le grand quartier général était installé, comme on sait, à Clermont-en-Argonne.

Deux dépêches, l'une de 6 h. 30 du matin, l'autre de 9 heures, arrivent au grand quartier général à 2 heures de l'après-midi. Elles sont en provenance de Vouziers; leur transmission a donc été relativement rapide.

Une autre venant de Buzancy, partie à midi, arrive à 9 heures du soir.

Une autre venant de Nouart, partie le matin (pas d'heure), arrive à 6 heures du soir.

Enfin, un extrait des rapports parvenus jusqu'à minuit au quartier général de l'armée de la Meuse (Malancourt) n'arrive au grand quartier général *que le 29, à 4 heures de l'après-midi!* Or la distance qui sépare les deux quartiers généraux est de 16 kilomètres environ.

Tout n'était donc pas pour le mieux dans l'organisation des communications entre les quartiers généraux aux armées allemandes, et ces observations suffisent à faire ressortir que le général de Moltke se trouvait conduit à asseoir ses combinaisons sur des renseignements parfois vieux de douze heures, période pendant laquelle la situation pouvait s'être et généralement s'était modifiée. Nous verrons bientôt, à l'occasion des ordres pour le 29, les conséquences fâcheuses que ne pouvait manquer d'amener pareil état de choses.

La transmission prompte et sûre des renseignements est donc d'importance majeure pour le commandement, que ces renseignements proviennent de l'exploration cavalière ou du combat proprement dit.

A coup sûr, nous sommes actuellement beaucoup mieux outillés en moyens de transmission que ne l'étaient les Allemands en 1870. Nous disposons de bicyclettes, d'estafettes, de motocyclettes, d'automobiles, de télégraphes, alors que les Allemands n'avaient à leur disposition que les estafettes des postes de correspondance et un service télégraphique assez rudimentaire.

Or, quels que soient les moyens dont on dispose, et si perfectionnés qu'on les imagine, ils ne valent que par une *organisation pratiquée et vérifiée* dès le temps de paix. A l'heure actuelle, cette organisation, nous l'avons. Les rapports, les comptes rendus de renseignements seront captés à des *postes* de correspondance, et portés ensuite à des *centres d'afflux*, d'où ils seront immédiatement *transmis* ou *télégraphiés* aux autorités intéressées. Aussi bien, y a-t-il lieu d'espérer qu'à l'avenir le haut commandement sera promptement informé de tous les événements qui peuvent influer sur ses décisions. Il n'est pas douteux que l'on doive attendre de bons résultats d'une pareille organisation ; il serait vraiment déplorable qu'avec la puissance de nos moyens actuels, les renseignements missent douze heures comme en 1870 pour parcourir 50 ou 60 kilomètres.

Revenons à nos quatre divisions de cavalerie. Dans ces

divisions, la découverte fonctionnait donc bien; elle fonctionnait même d'autant mieux qu'elle ne trouvait personne devant elle pour contrecarrer ses projets et qu'il lui suffisait, en somme, d'aller droit au but pour tomber sur des colonnes peu ou mal gardées qu'elle pouvait suivre et dénombrer tout à son aise.

Mais si les divisions de cavalerie allemandes avaient eu à opérer dans des conditions moins favorables, si elles avaient eu, en particulier, à remplir des missions impliquant le combat, il est probable, il est certain même qu'elles eussent été fort empêchées d'arriver à leurs fins en raison de l'absence, pour ainsi dire totale, de l'organisation du commandement.

Que voyons-nous, en effet?

Les quatre divisions de cavalerie de l'armée de la Meuse sont, en effet, aux ordres du prince royal de Saxe; mais trois, les 5e, 6e et 12e, sont directement rattachées au XIIe corps saxon et reçoivent leurs instructions du commandant de ce corps; quant à la quatrième, division de cavalerie de la Garde, elle est rattachée au corps de la Garde.

Ainsi donc trois commandements différents, et, bien mieux, il n'existe aucun lien entre les trois divisions qui relèvent du XIIe corps; le commandant de ce corps correspond directement et *séparément* avec chacune d'elles.

Que serait-il résulté d'un pareil état de choses, si la cavalerie française qui comprenait, comme l'on sait, six divisions de cavalerie, eût été jetée, ainsi que le bon sens l'indiquait, pour les deux tiers au moins, sur le flanc droit? Dispersées sur le front, à 20 kilomètres les unes des autres, sans liaisons établies, sans commandement d'ensemble, les quatre divisions allemandes pouvaient être séparément bousculées, battues et rejetées sur les têtes d'avant-garde des corps d'armée.

Leur organisation en corps de cavalerie, qui s'imposait dès le début de la marche sur Paris, c'est-à-dire dès le

24 août, s'imposait avec plus de force encore quand les armées allemandes, prenant pour directions successives le Nord-Ouest, puis le Nord, à la recherche de l'armée de Châlons, eurent à exécuter, en face d'un adversaire dont on ne connaissait pas la position dans l'espace, le mouvement délicat de conversion générale vers le Nord qui devait les amener dans le flanc et le dos des corps français.

Et cependant, pour couvrir l'exécution de ce mouvement, il était naturel de demander aux divisions de cavalerie de mettre en action toutes les forces de résistance dont elles étaient capables, et cette capacité de résistance elles ne pouvaient la trouver que dans une action de masse organisée sous un commandement unique.

Mais l'éducation des Allemands n'était pas faite, à l'époque, sur ce point; ils n'ont pas craint de reconnaître qu'ils n'avaient pas, en 1870, de chefs de cavalerie préparés à la conduite des masses. Ils ont profité de la passivité invraisemblable de la cavalerie française pour éviter les inconvénients et les conséquences d'une improvisation au cours même de la campagne, et tout ceci ressort fort nettement des lignes suivantes, imprécises à dessein, écrites en 1878 par le maréchal de Moltke :

« Les services rendus par nos divisions de cavalerie dans la guerre de France sont évidents... Ils auraient été bien plus considérables encore si l'on avait eu, par exemple, ces divisions dans la main à Wœrth, ou bien si l'en avait pu les *tenir massées* à Vionville. *Mais en cela, tout dépend des chefs...* [1] »

C'est pour ces motifs que le commandement de l'armée de la Meuse cherche à réaliser cette coordination nécessaire des mouvements des quatre divisions qui dépendent de lui, par les moyens dont il dispose et qui ne consti-

---

[1] Lettre à Kœhler.

tuent, en la circonstance, que des palliatifs tout à fait insuffisants.

La coordination cherchée ne saurait être obtenue en se contentant, comme l'a fait le prince royal de Saxe, de prescrire à la 12e division et à la division de la Garde « d'opérer de concert », pas plus qu'en prescrivant aux 5e et 6e divisions de « continuer provisoirement à se maintenir reliées à la division de cavalerie de la Garde ». Ces quatre cavaleries établiront peut-être des liaisons entre elles; mais les buts qu'elles poursuivent risqueront fort d'être divergents, leurs actions n'étant pas coordonnées.

En fait, les prescriptions du prince royal de Saxe n'amenèrent pas l'accord cherché, et, par la force des choses, les divisions de cavalerie allaient continuer à opérer à peu près isolément.

III

Les ordres pour le 29.

Le 28, à 7 heures du soir, à Clermont-en-Argonne, le grand quartier général ne disposait, pour se faire une idée de la situation, que des renseignements de sources diverses recueillis jusqu'au 27 vers midi et dans la matinée du 28 par les 5ᵉ et 6ᵉ divisions de cavalerie. Moltke n'a encore rien reçu, ni du commandant de l'armée de la Meuse, ni des divisions de cavalerie saxonne et de la Garde. Or, des renseignements qu'il a en mains, il se hâte de conclure *que Vouziers a été abandonné par les Français et que ceux-ci se sont retirés dans la direction du Nord.*

Nous avons dit : « de Moltke se hâte... », et, en effet, s'appuyant sur ces renseignements, il lance immédiatement (7 heures soir) un ordre aux armées pour le 29, qui devait avoir pour effet de porter le lendemain l'armée de la Meuse sur le front Nouart-Buzancy, *l'aile droite de la IIIᵉ armée sur Vouziers* et les deux corps bavarois vers Champigneulle et Grandpré, à la disposition du prince royal de Saxe (*croquis nᵒ 2.*)

La situation telle qu'elle résultait des renseignements acquis justifiait-elle tant de précipitation ? Sans doute, la conclusion tirée par de Moltke des renseignements dont nous avons parlé, avait son importance : « Les Français se sont retirés dans la direction du Nord ». Et puisqu'on

la considérait comme fondée, comme exacte, il y avait
lieu évidemment de prendre les mesures que compor-
taient les circonstances. En l'espèce, ces mesures se tra-
duisaient par la seule prescription nouvelle : « L'aile
droite de la IIIe armée sur Vouziers », toutes les autres
mesures envisagées par l'ordre du 27 août étant, en
somme, confirmées.

On est donc en droit de se demander s'il ne convenait
pas d'attendre d'autres éclaircissements avant de lancer
un ordre nouveau. Le Ve corps de la IIIe armée ne devait-
il pas venir à Grandpré le 29, d'après les ordres du 27?
Si donc la grave conclusion à laquelle était arrivé de
Moltke se confirmait dans la soirée ou dans la nuit, rien
ne serait plus facile que d'aiguilller ses têtes de colonnes
sur Vouziers au lieu de Grandpré. Bref, l'ordre de
7 heures était certainement prématuré et pouvait être
dangereux, car il n'allait pas manquer de jeter le trouble
aux échelons subordonnés et en particulier à l'état-major
de l'armée de la Meuse.

Il est évident que l'interprétation des renseignements
ne sera pas toujours chose commode. De leur mise en
œuvre peut bien résulter une situation à peu près exacte,
à un moment donné ; mais on sait trop, par expérience,
combien les renseignements, même les plus affirmatifs,
ont besoin d'être contrôlés, et aussi avec quelle rapidité
peuvent se modifier les situations à la guerre. Or, dans le
cas présent, le grand quartier général se trouvait en présence de renseignements vieux, les uns de trente-six
heures, les autres de dix à douze heures. Il était donc
prudent d'attendre des nouvelles plus fraîches, d'autant
que l'ordre du 27 pour les journées du 28 et du 29 orien-
tait pour le moment très suffisamment les quartiers généraux, même au cas où les Français se seraient réellement
dérobés vers le Nord.

Quoi qu'il en soit, l'ordre est lancé. Il part.

Or, à 9 heures du soir arrivent, à Clermont-en-Argonne,

Croquis n° 2.

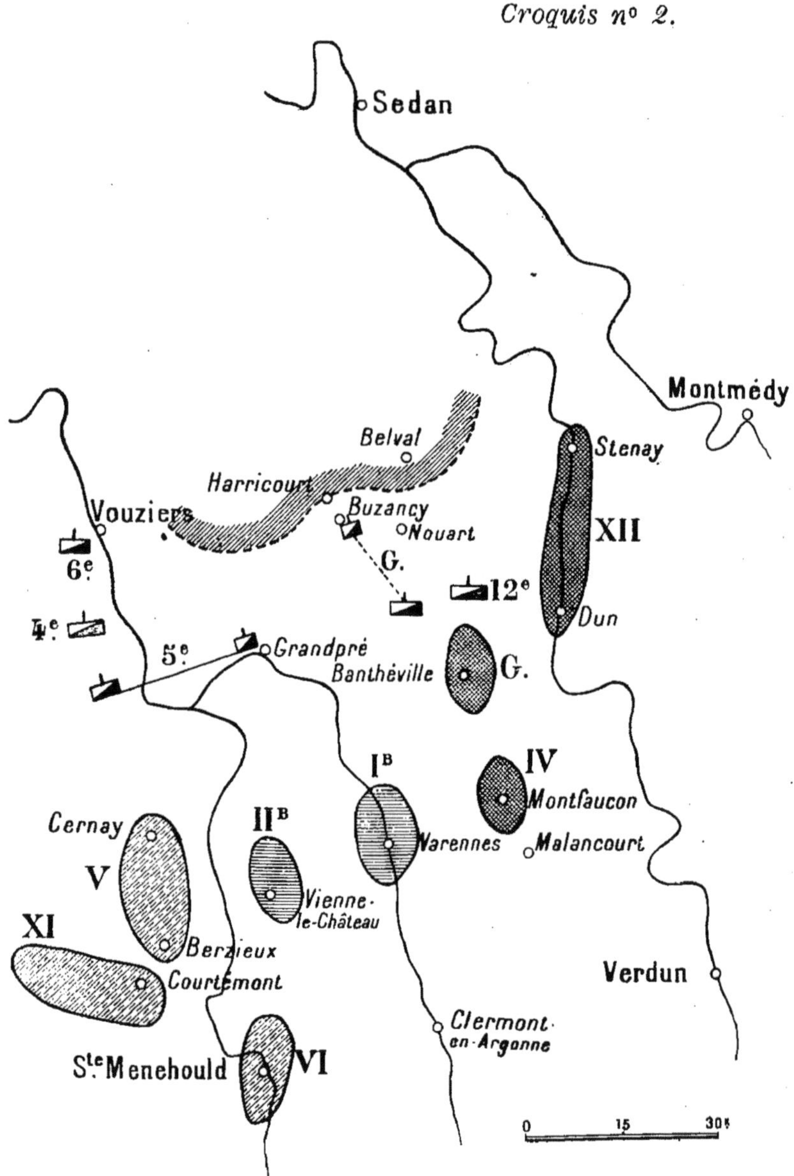

Situation le **28 août** (soir).

les rapports de la Garde, desquels il résulte que des troupes françaises ont paru à Harricourt et que de vastes campements sont signalés le long de la route de Vouziers à Buzancy. L'ennemi n'a donc pas quitté Vouziers pour se porter vers le Nord ; tout au contraire, et loin de chercher à se dérober, il s'échelonne dans la direction de la Meuse ; *il continue sa marche vers l'Est*.

Le Grand État-Major s'était donc en quelque sorte autosuggestionné ; il avait pris ses craintes pour la réalité. A son grand étonnement, à sa grande joie aussi probablement, il constatait enfin que l'adversaire continuait à s'enfourner dans la nasse, et il ne lui restait plus qu'à annuler allègrement l'ordre de 7 heures. — Ce qu'il fit incontinent.

Ces variations, qui ont leur intérêt au point de vue de la psychologie des états-majors en campagne, présentent au surplus des enseignements d'une portée plus haute.

La façon dont de Moltke conduit les opérations n'a-t-elle pas de quoi nous étonner ? Que voyons-nous, en effet ? A chaque renseignement important, ou considéré comme tel, recueilli par des patrouilles de cavalerie opérant sur le front, correspond un ordre, une directive nouvelle. Le commandement oscille et, avec lui, les armées. L'inconnu, sans aucun doute, est la loi de la guerre. Il faut compter avec lui, c'est certain. Mais n'existe-t-il donc aucun moyen, aucun procédé pour en pallier les dangers, pour en limiter les inconvénients ?

Dans le cas présent, seule une avant-garde générale pouvait remplir cet objet. L'avant-garde est, en effet, un organe de renseignement au premier chef. Mais à cela ne se borne pas son rôle. « L'avant-garde, qui a fourni la première partie de la tâche, le *renseignement*, devra remplir également la seconde, maintenir la mainmise sur l'adversaire, maintenir le contact réellement effectué, pour permettre la manœuvre fondée et juste, c'est-à-dire *répondant aux circonstances;* pour cela elle attaque si l'adversaire veut échapper; elle résiste par la défensive et la manœuvre en retraite s'il attaque. » (Colonel FOCH).

Mais c'est là la notion même de la sûreté stratégique, qui fait complètement défaut aux états-majors allemands en 1870. Nous aurons à y revenir au cours de cette étude.

Donc à 9 heures du soir, la situation apparaît sous une face toute nouvelle. Les Français, loin de se dérober par une marche vers le Nord, continuent leur mouvement vers l'Est, vers les ponts de la Meuse. Voilà le fait.

Le Grand État-Major rédige alors et expédie à 11 heures du soir l'ordre suivant :

« L'apparition de l'ennemi à Buzancy dénote le projet de secourir Metz. Il est à supposer qu'à cet effet un ou deux corps suivent la route de Buzancy à Stenay, tandis que le reste de l'armée défile plus au Nord par Beaumont.

« Afin de ne pas provoquer l'offensive des Français avant une concentration suffisante de nos forces, le prince royal de Saxe appréciera s'il convient de réunir tout d'abord ses trois corps dans une position défensive, à peu près entre Aincreville et Landres. La 48e brigade, détachée à Stenay, continuera à être chargée de surveiller la Meuse entre cette ville et Dun.

« Les corps bavarois rompront à 5 heures du matin : le Ier par Fléville sur Sommerance, où il devra arriver à 10 heures du matin, le IIe par Binarville et Cornay sur Saint-Juvin; le Ve corps viendra par Montcheutin sur Grandpré.

Quant aux autres corps de la IIIe armée, le commandant en chef réglera leur marche de telle sorte que, pour le 30, ils soient en mesure de concourir, s'il le faut, au dénoûment.

« *On s'abstiendra jusqu'à nouvel ordre de continuer le mouvement offensif vers la route Vouziers-Buzancy-Stenay; mais il demeure entendu cependant que l'armée de la*

Meuse l'occuperait promptement, si elle n'avait devant elle que des forces ennemies insignifiantes. »

Cet ordre est des plus intéressants. Examinons-le de près.

Tout d'abord, nous y retrouvons, comme dans l'ordre du 29, le souci d'amener pour le 29, cinq corps en ligne d'Aincreville à Grandpré. Mais cette fois il s'agit d' « Aincreville » et non plus de « Nouart ». Pourquoi ? Parce qu'il convient de « *ne pas provoquer l'offensive des Français avant une concentration suffisante* de nos forces » et, dans ces vues, « le prince royal de Saxe appréciera s'il convient de réunir tout d'abord ses trois corps dans une position défensive.... ».

Le dernier paragraphe : « On s'abstiendra jusqu'à nouvel ordre de continuer le mouvement « offensif... etc. » ne brille pas non plus par la netteté, mais, du moins, ce qui apparaît clairement c'est le désir de s'avancer en tapinois, sans donner l'éveil, à portée de l'armée de Mac-Mahon ; c'est le désir de voir l'armée de la Meuse se contenter pour la journée du 29 de servir de jalon à la mise en ligne des deux corps bavarois et du Ve prussien. Une telle stratégie ne pouvait être de mise que contre un adversaire ignorant tout de la sûreté. Or c'était malheureusement le cas.

Si l'on compare maintenant cet ordre à celui de 7 heures du soir, on observe ceci :

Tandis que l'ordre de 7 heures prescrit à l'armée de la Meuse d'atteindre le lendemain le front Nouart-Buzancy *parce que l'on croit les Français en retraite vers le Nord,* l'ordre de 11 heures du soir, tout au contraire, invite le prince royal de Saxe à *s'abstenir* jusqu'à nouvel ordre de poursuivre son mouvement offensif dans cette direction, *parce que l'on sait les Français engagés dans la direction des ponts de la Meuse,* mais l'autorise toutefois à occuper la route Buzancy-Stenay, s'il n'a devant lui que des forces insignifiantes.

A quoi répond cette allure d'extrême prudence imposée
à l'armée de la Meuse? Le général de Moltke voulait-il,
avant de dévoiler ses intentions, avoir en mains toutes ses
forces réunies, ce qui impliquait que l'armée de la Meuse
« marquât le pas » dans la journée du 29? L'hypothèse
est plausible étant donné le caractère prudent et méthodique du stratège des armées allemandes. Mais en fait,
cette réunion des forces pour la bataille possible le 29
n'était-elle pas virtuellement accomplie?

Nous pensons qu'en serrant la bride à l'armée de la
Meuse, de Moltke a voulu simplement laisser les Français
s'engager plus avant dans la direction de l'Est. La prescription concernant la 48ᵉ brigade du XIIᵉ saxons, qui
« continuera à être chargée de surveiller « la Meuse
entre Stenay et Dun », corrobore cette opinion. De la sorte,
de Moltke se croyait assuré de ne pas donner l'éveil aux
Français avant l'heure choisie pour les frapper, tandis
qu'en laissant l'armée de la Meuse aller franchement de
l'avant il risquait de voir les Français, comprenant enfin
le danger de la situation, lui opposer des arrière-gardes
et se dérober vers le Nord pour échapper à son étreinte.

Certes, l'idée que nous prêtons au général de Moltke
eût été très défendable, si, par ailleurs, les masses de
cavalerie, — cinq divisions, — eussent été tenues également en lisière, de manière à ne rien révéler de l'attaque
qui se préparait. Or ces divisions montraient, sinon leurs
gros, du moins leurs escadrons de tête partout, de Vouziers à Nouart. En bonne logique, pouvait-on admettre
que les Français n'eussent pas leur attention éveillée par
un pareil déploiement de cavalerie? Était-il raisonnable
de supposer qu'ils n'en concluraient pas à une attaque
se montant derrière le rideau? Non, évidemment; dès
lors les dispositions arrêtées par de Moltke ne se justi-
fiaient pas. Et cependant, ce qui nous paraît logique et
raisonnable ne semble pas avoir été apprécié comme tel
par le maréchal de Mac-Mahon — ou du moins, et ceci

est malheureusement la vérité historique, il n'a pris aucune disposition, envisagé aucune parade répondant à la situation. Le 29 août, le général de Failly, attaqué par l'avant-garde du XII⁰ corps à Nouart, croit qu'il n'a affaire qu'à « une cavalerie assez nombreuse avec quelques pièces d'artillerie ».

*
* *

Nous venons de voir comment de Moltke envisageait la situation à 11 heures du soir, le 28, et quelles mesures il avait prescrites.

Or les mêmes faits, les mêmes renseignements ne laissent pas d'être appréciés fort différemment à l'armée de la Meuse.

Le commandant de l'armée de la Meuse passa une fort mauvaise nuit, du 28 au 29, à Malancourt, et l'ouvrage du Grand État-Major nous rapporte compendieusement ses variations. Leur analyse est des plus instructive : elle met fortement en relief la lourde responsabilité qui incombe au commandement, lequel doit la plupart du temps se déterminer sur des renseignements confus, incomplets, parfois contradictoires ; elle met aussi en lumière les qualités qui font le vrai chef : lucidité d'esprit, bon sens et fermeté de caractère.

A 7 heures du soir, le prince royal de Saxe est en possession des renseignements qui précisément vont servir de base à l'ordre de de Moltke, de 11 heures.

La plupart de ces renseignements semblaient indiquer un mouvement général des Français vers l'Est ou le Nord-Est. Un seul, celui qu'envoyait à 3 heures de l'après-midi le capitaine Merckel, aide de camp du prince Albrecht, donnait l'impression contraire : « Des troupes ennemies marchant *de* Beaumont *sur* Autruche—Vouziers ». Mais quelles étaient ces troupes, leur force ? Le renseignement était muet à ce sujet ; mais comme la qualité de son auteur lui donnait un certain poids, il était à prendre en considération, bien que contradictoire. En tout cas, un contrôle paraissait s'imposer.

Placé à Malancourt, à 25 ou 30 kilomètres de la route de Nouart à Buzancy, et sous l'impression de ces nouvelles, que pouvait faire le prince royal de Saxe en attendant des instructions du grand quartier général?

Le contact avait bien été repris, les renseignements avaient bien afflué; mais la situation ne s'était pas éclaircie pour autant.

Il était donc nécessaire de se procurer, le plus tôt possible, des indications précises sur la valeur des suppositions auxquelles ont était conduit. Ces indications il appartenait à la cavalerie au contact de les fournir, et il ne semble pas, d'ailleurs, que les ordres qu'elle avait reçus la veille, dans ce sens, dussent lui être renouvelés. Néanmoins, pour stimuler sans doute ses initiatives, la division de la Garde recevait l'ordre de se « renseigner exactement sur les agissements de l'adversaire et surtout de battre le pays dans la direction du Chêne; la 12e division de cavalerie devait suivre les escadrons de la Garde; une avant-garde d'infanterie de ce corps prendrait position à Rémonville à 7 heures du matin ».

Sans doute, ces « dispositions préliminaires » étaient parfaitement justifiées, et il était certainement nécessaire de se « renseigner exactement sur les agissements de l'adversaire ». L'intéressant est de voir comment la cavalerie va aborder le problème, dans quel esprit elle va comprendre l'injonction « renseigner exactement » et quels moyens elle va mettre en jeu.

Or, l'adversaire n'a jusqu'ici montré qu'une cavalerie très inférieure en nombre. Les patrouilles ont pu, sans grandes difficultés, arriver jusqu'à l'infanterie, et cependant les renseignements recueillis sont discordants et demandent à être contrôlés. Qu'en conclure? Sinon que patrouilles et reconnaissances n'ont vraisemblablement observé que des mouvements latéraux ou extérieurs à ceux des gros, et que les mouvements de ceux-ci, précisément, leur ont échappé. Le problème est là et se pose ainsi : Comment arriver jusqu'aux gros ?

Croquis n° 3.

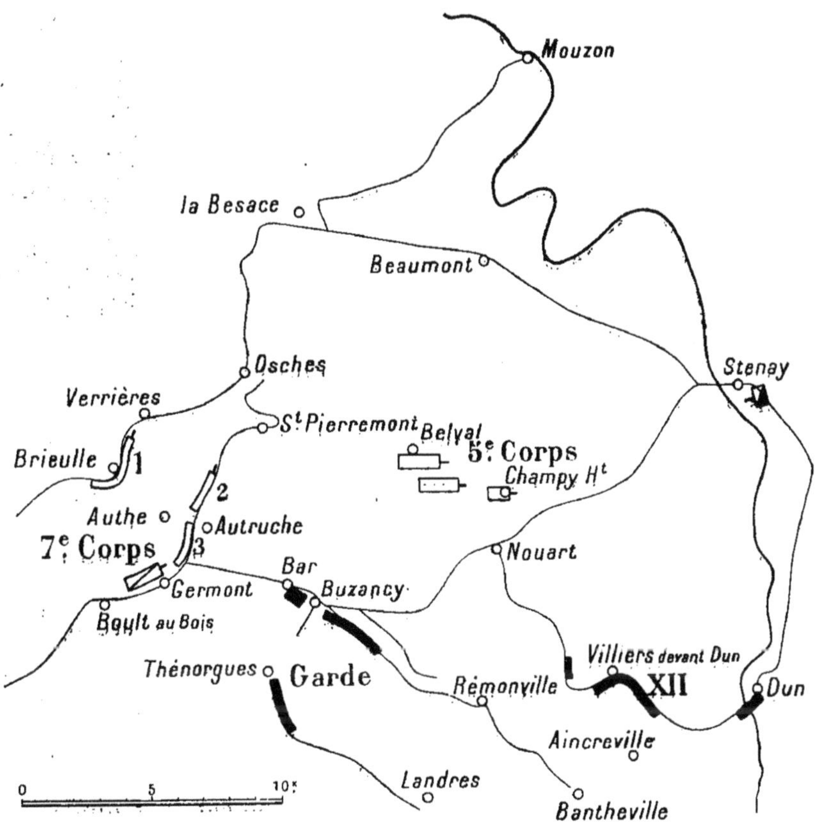

Situation le 29 août (matinée).

En la circonstance l'action des masses et l'action du canon s'imposaient.

De prime abord on accorderait volontiers au prince royal de Saxe l'idée de cette action de force et l'on serait tenté d'en voir les preuves dans l'ordre donné au corps de la Garde de pousser, le 29 à 7 heures du matin, une avant-garde à Rémonville, où elle doit « prendre position » et constituer, en somme, soutien ou repli éventuel aux deux divisions de cavalerie lancées en échelons sur Buzancy—Le Chêne.

Il n'en est rien, comme le montrera l'ordre donné à l'armée de la Meuse à 4 heures du matin, ordre dont nous parlerons plus loin, ou du moins cette idée première s'est considérablement modifiée pendant la nuit. Et, d'ailleurs, en supposant que les deux divisions en question aient compris, dans le sens où nous l'indiquons, l'exécution de leur mission, les résultats à attendre de leur action auraient été probablement fort restreints ; l'action de force, en effet, ne se pouvait concevoir que dans une direction unique imposée aux deux divisions par un commandement unique, et ce commandement n'existait pas.

Les deux divisions pouvaient donc battre l'estrade dans la direction indiquée. Il était douteux qu'elles pussent *« renseigner exactement sur les agissements de l'adversaire »*, si l'une et l'autre ne prenaient pas la résolution d'arriver jusqu'à cet adversaire par une action de force.

Quoi qu'il en soit, le prince royal de Saxe pare au plus pressé et, cela fait, il attend. Mais, de 7 heures à minuit, les renseignements précisent la situation. Les Français ne se retirent ni vers le Nord, ni vers l'Ouest; *ils sont certainement en route vers la Meuse.*

9 h. 30. Lieutenant de Roon.

« Feux de bivouac sur la ligne Bar-Fossé-Bois des Dames et direction de Stenay… Nouart occupé. »

9 h. 45. Von Grœben, des hussards de la Garde.

« De l'infanterie française s'est portée sur Nouart. La 12ᵉ division de cavalerie s'est alors repliée sur Andevanne, où elle bivouaque. »

Les Français, à n'en plus douter, s'échelonnaient donc

sur la route de Bar à Stenay par Fossé-Beauclair et bivouaquaient probablement dans l'ordre de marche.

A ce moment, le prince royal de Saxe dut sans doute observer que les directions données à la tombée de la nuit aux deux divisions de cavalerie — saxonne et de la Garde — pour le lendemain matin, les conduiraient probablement à frapper dans le vide : « *battre le pays dans la direction du Chêne* », et l'on peut supposer que d'autres instructions annulant les premières auraient été données à ces cavaleries, si, précisément, n'était arrivé alors à Malancourt, quartier général de l'armée de la Meuse, l'ordre de de Moltke de 7 heures du soir.

Il était minuit quand parvint cet ordre, qui, soit dit en passant, *avait mis au moins 3 h. 30 pour franchir 16 kilomètres*, distance de Clermont à Malancourt.

Basé, comme on l'a vu précédemment, sur des renseignements déjà anciens qui permettaient de penser que l'armée de Châlons se retirait vers le Nord, l'ordre en question ne pouvait manquer de jeter le prince royal de Saxe dans une grande perplexité — à moins qu'il ne le tînt pour nul et non avenu, puisqu'à sa connaissance la situation vraie n'était nullement celle qu'avait envisagée de Moltke.

Cet ordre devait, on s'en souvient, amener l'armée de la Meuse sur le front Nouart-Buzancy, c'est-à-dire dans le flanc même des colonnes françaises en marche vers la Meuse. Une bataille ne pouvait manquer de s'engager, et cette perspective demandait à n'être pas envisagée à la légère, d'autant que le prince royal de Saxe savait que de Moltke ne voulait risquer la partie qu'avec tous ses atouts en mains, c'est-à-dire toutes ses forces réunies.

A quelles décisions va s'arrêter le prince royal de Saxe? Exécutera-t-il l'ordre du grand quartier général ou prendra-t-il sur lui de le modifier en tenant compte des circonstances ?

Il semble, en tout cas, qu'il eût pu envoyer au préalable un officier d'état-major au grand quartier général pour exposer la situation telle qu'elle paraissait se dégager des renseignements reçus jusqu'à 7 heures, et assez importants d'ailleurs pour justifier largement une pareille mission.

Il n'en fait rien. Il hésite, et tout d'abord se décide à attendre sur place les résultats des reconnaissances prescrites à la cavalerie ; après quoi, et si le grand quartier général n'a pas envoyé de nouveaux ordres, il sera toujours à temps de régler la mise en marche des trois corps d'armée au mieux des circonstances.

Mais bientôt le commandant de l'armée de la Meuse change d'avis : il se décide à *exécuter quand même* l'ordre de de Moltke, c'est-à-dire à porter ses corps sur le front Nouart-Buzancy ; autrement dit, il prend sur lui d'engager la bataille, alors que de Moltke, ayant à traiter le même problème, l'a résolu juste en sens inverse, arrêtant le mouvement offensif de l'armée de la Meuse et l'invitant à prendre une position défensive vers Landres-Aincreville.

Hâtons-nous de dire que la décision du prince royal de Saxe ne fut pas suivie d'effet, car elle fut modifiée avant le jour par le second ordre de de Moltke (celui de 11 heures soir, reçu à Malancourt à 4 heures du matin [1]). Il n'en demeure pas moins que nous nous trouvons en présence, pour un même cas concret, de deux solutions radicalement opposées : l'une, offensive au premier chef, celle du prince royal de Saxe ; l'autre, délibérément passive et neutre, celle du général de Moltke.

Nous avons examiné plus haut quelles raisons avaient

---

[1] L'ordre de 7 heures avait exigé trois heures et demie pour sa transmission ; celui de 11 heures a mis quatre heures et demie pour faire le même trajet (16 kilomètres environ de nuit). Ces temps, même pour l'époque, sont tout à fait inadmissibles. Il est clair que le service des communications au grand quartier général laissait fort à désirer.

pu guider de Moltke. Essayons de refaire le travail d'esprit qui a amené le prince royal de Saxe à sa décision de pousser de l'avant.

A n'en plus douter, une importante fraction de l'armée de Châlons, dont les feux de bivouac avaient été relevés, couchait pendant cette nuit du 28 au 29 sur la ligne Bar-Fossé-Bois des Dames, et, comme il entrait dans les intentions du grand quartier général d'atteindre l'armée française sur la rive gauche de la Meuse, le Prince était certain, en poussant droit au Nord et sans plus attendre, d'accrocher l'adversaire.

Son action offensive se justifiait, d'autre part, par la quasi-certitude du concours des deux corps bavarois. L'armée de la Meuse, en cas de bataille, avait donc peu à craindre de l'adversaire, le 29, tout au moins. Et les résultats à atteindre de cette attaque ne pouvaient que faciliter l'entrée en action, prévue pour le 30, de la III\ :superscript e\ armée.

Ces réflexions ont-elles conduit le prince royal de Saxe à la décision que nous avons dite? Nous l'ignorons évidemment, mais nous ne croyons pas rabaisser le commandant de l'armée de la Meuse, en lui prêtant ainsi la mentalité qui dicta au 16 août, et dans une situation stratégique tout à fait analogue, les gestes du général Alvensleben II, chef du III\ :superscript e\ corps.

Pour nous, le prince royal de Saxe a eu sa minute d'audace, et c'est bien quelque chose dans la vie d'un chef d'armée.

Et maintenant, qui a tort? Est-ce de Moltke qui, abusant des libertés que lui laisse prendre Mac-Mahon, veut, avant de rien engager de décisif, resserrer son réseau, amener ses armées à la même hauteur, de manière à ne rien laisser à l'imprévu et à réaliser la bataille qu'il cherche sur la rive gauche de la Meuse en évitant d'effaroucher l'adversaire?

Qui a raison? Est-ce le prince royal de Saxe, qui sait

une partie de l'armée française à une marche de ses avant-gardes, qui sent la nécessité de « bouter » dans son flanc pour entraver son mouvement vers les ponts de la Meuse et qui voit dans cette action de force le moyen de la livrer aux coups des armées allemandes réunies ?

Nous ne savons pas si de Moltke a tort, mais nous croyons que le prince de Saxe a raison.

Quoi qu'il en soit, le second ordre de de Moltke a pour effet immédiat de calmer les velléités offensives du commandant de l'armée de la Meuse. La minute d'audace a été sans seconde. Elle s'est écoulée sans laisser de traces. Qu'on en juge par l'ordre à l'armée de la Meuse donné le 29 vers 5 heures du matin :

« L'avant-garde que la Garde a portée à Rémonville *y restera pour servir d'appui aux reconnaissances que la cavalerie de ce corps doit exécuter sur Bar;* le gros du corps d'armée *restera en position de garde-à-vous* à Bantheville; le XII⁰ corps se hâtera de passer la Meuse à Dun et *prendra position* entre Cléry-le-Grand et Aincreville; la 12⁰ division de cavalerie couverte par une avantgarde vers Villers-devant-Dun, éclairera dans la direction de Nouart. Comme il suffit de surveiller la Meuse entre Dun et Stenay, la 48⁰ brigade pourra aussi rallier le long de la rivière. Le IV⁰ corps viendra provisoirement au nord de Nantillois. Les commandants de corps d'armée se trouveront réunis à 8 heures du matin, sur la hauteur au sud d'Aincreville. »

Il est peu probable, on en conviendra, que ces dispositions provoquent l'offensive française. Les cavaleries, non plus, ne le provoqueront pas. La division de la Garde reconnaîtra dans la direction de Bar; la cavalerie saxonne, que nous pouvons croire, d'après les « dispositions préliminaires », prises le 28, à 7 heures du soir, sur les talons de la première, lèvera son cantonnement d'Andevanne, jettera une avant-garde à Villers-devant-Dun (?) et éclairera dans la direction de Nouart.

On ne saurait être moins offensif.

Il faut convenir que rarement chef d'armée fut, en si peu de temps, ballotté entre tant de renseignements, d'idées et d'ordres contradictoires.

A 7 heures du soir, le 28, la situation est très obscure : ordre à la cavalerie de « *se renseigner exactement* ».

De 7 heures à minuit, de nouveaux renseignements montrent que l'armée française n'est nullement en retraite vers le Nord ou vers l'Ouest, mais en marche vers l'Est ; pas d'ordres.

A minuit arrive l'ordre de de Moltke (de 7 heures soir) : « Les Français sont en retraite vers le Nord ; porter toute l'armée de la Meuse sur le front Buzancy-Nouart. » Or, de 7 heures à minuit, la situation a changé. Cet ordre ne répond plus aux circonstances ; première décision : attendre ; deuxième décision : exécuter.

A 4 heures du matin, arrive le second ordre de de Moltke (minuit) : « S'abstenir de tout mouvement offensif vers la route Buzancy-Vouziers. » Ordre à l'armée de la Meuse : « Prendre une position d'attente : 2 corps à hauteur d'Aincreville (Garde et XII⁰ corps), 1 corps à Nantillois ».

Tel est le résumé succinct des variations du prince royal de Saxe dans la nuit du 28 au 29.

S'il montre bien les difficultés, et aussi la grandeur du rôle qui incombe à un chef d'armée, il comporte en outre d'autres enseignements.

Nous avons attribué, à tort ou à raison, au prince royal de Saxe un sentiment offensif qui ne peut qu'être à son honneur. Pour débrouiller l'écheveau qui l'enserre, pour sortir des obscurités où se débat sa pensée, il sent qu'il n'y a qu'un moyen : aller de l'avant.

Mais alors survient le méthodisme prudent de de Moltke qui brise son élan et refrène ses velléités offensives. Peu importe ; un fait demeure : c'est le sentiment qu'a eu le prince royal de Saxe de la nécessité de sortir de l'indétermination. Et que serait il advenu s'il en était resté à sa décision offensive? Il eût fait jouer, en quelque sorte inconsciemment et d'instinct, à l'un de ses corps de tête, le rôle que nous attribuons à l'avant-garde stratégique, organe par excellence, on l'a souvent dit et répété, des situations indéterminées.

D'ailleurs, certain d'avoir ses deux armées à portée le 30 pour la bataille possible (voir l'ordre du 28 minuit), de Moltke ne pouvait tirer que profit, pour l'organisation de sa manœuvre décisive, de l'action vigoureusement offensive, ordonnée pour le 29, d'une masse tirée de l'armée de la Meuse et qui eût pu comprendre deux divisions de cavalerie et le corps de la Garde.

Cette masse, ainsi que les événements l'ont montré, pouvait avoir affaire, le 29, aux 5e et 7e corps français. Elle venait donner dans leur flanc et les forçait à faire front! Ceux-ci eussent attaqué, peut-être... Et même dans cette hypothèse, que pouvait avoir à redouter la masse que nous considérons? Rien. Sa capacité combative, l'action coordonnée du corps de cavalerie formé par les divisions saxonnes et de la Garde, la nature du pays, l'arrivée vers midi de trois brigades du XIIe saxon, ces divers facteurs permettaient de gagner le temps voulu sans risque d'écrasement ou d'enveloppement, et le 30, au cas où les autres corps de Mac-Mahon eussent été amenés à la rescousse, la bataille générale s'engageait à front renversé, les Français ayant la Meuse et la Belgique à dos.

Que si l'armée de Châlons n'acceptait pas la bataille, l'attaque du 29, montée comme nous l'avons dit, aurait certainement jeté un grand désarroi dans les corps français. Au lieu d'un seul corps désorganisé, le 5e, à la suite des événements du 29, il y en aurait eu deux, car le 7e ne se serait pas trouvé en meilleure posture, et la journée du 30 eût été un Beaumont amplifié.

IV

La matinée du 29 août.

A l'armée de la Meuse s'exécutent les mouvements prescrits par l'ordre de l'armée de 5 heures du matin, rapporté plus haut.

A 8 heures du matin, les trois commandants de corps d'armée sont réunis à Aincreville « pour y recevoir les instructions plus détaillées du commandant en chef ».

Celui-ci se fait rendre compte des événements de la nuit et du petit jour, d'où il appert :

1° Que l'on n'a trouvé aucune trace de l'ennemi au nord de la ligne Harricourt Bar-Buzancy ;

2° Que les patrouilles de cavalerie n'ont pu aborder la bande de forêts qui s'étend au sud de Beaumont.

Conclusion : l'adversaire se trouve donc à la fois au delà et en deçà de cette bande boisée. Par conséquent, *la route Nouart—Buzancy est certainement tenue par des forces importantes.*

Le prince royal de Saxe décide alors :

a) Qu'il est nécessaire de reprendre plus directement le contact, *un peu affaibli,* en avant de l'aile gauche (il était tout à fait perdu) ;

b) Qu'il faut surtout se renseigner sur la véritable situation à Beaumont ;

c) Et qu'en conséquence, il devient nécessaire *d'amener l'armée jusqu'à la route de Buzancy à Nouart.*

Que l'on veuille bien, maintenant, rapprocher cette importante décision de l'ordre formel de Moltke : « On s'*abstiendra*, jusqu'à nouvel ordre, de continuer le mouvement offensif vers la route Vouziers—Buzancy—Stenay ; mais il demeure entendu cependant que l'armée de la Meuse l'occuperait promptement, si elle n'avait devant elle que des forces ennemies insignifiantes. »

A coup sûr, la situation ne s'est pas modifiée ; au contraire, elle s'est confirmée, et il y a certitude que l'armée de la Meuse a devant elle des forces importantes.

Il y a donc désaccord formel entre le prince royal de Saxe et le général de Moltke ; le commandant de l'armée de la Meuse transgresse carrément les ordres reçus. Il revient à son idée offensive de la nuit précédente ; il juge que pour « se renseigner sur la véritable situation à Beaumont », l'attitude offensive, la marche en avant s'imposent.

L'ouvrage du Grand État-Major n'est pas sans relater cette grave divergence de vues ; toutefois, il le rapporte avec le souci évident de ne pas mettre les deux grands chefs en opposition, ce qui est assez difficile, on en conviendra.

« Mais, dit-il, cela (la décision du prince royal de Saxe) *ne pouvait contrarier les vues du grand quartier général*, puisque, dans les circonstances présentes, on n'avait plus à craindre que ce mouvement provoquât une bataille prématurée. »

Cette explication n'en est pas une. Ce n'est pas autre chose que l'excuse peu déguisée d'un mouvement que l'on condamne. Mais dans cette excuse même, donnée de mauvaise grâce, n'y a-t-il pas au fond l'aveu implicite que, « dans les circonstances présentes », le mouvement en avant de l'armée de la Meuse s'imposait ?

En somme, dans ce débat, le prince royal de Saxe l'emporte sur de Moltke. S'il a paru se conformer aux vues du Grand État-Major par son ordre de 5 heures du matin, il n'a pas abandonné tout à fait, comme on aurait pu le croire, son idée « de derrière la tête », et il y revient par un détour subtil : l'interprétation définitive des derniers renseignements à la conférence d'Aincreville.

*
* *

Entrons maintenant dans l'étude de l'exécution. Nous allons constater encore une fois, dans la timidité des mesures prises, une sorte de *mea culpa* assez déconcertant :

1° L'armée se portera *jusqu'à* la route Buzancy—Stenay simplement pour « *se renseigner sur la situation de l'adversaire, l'intention du commandant en chef étant de ne pas engager l'offensive avant le lendemain* » ;

2° La cavalerie de la Garde se portera sur Beaumont par Boult-au-Bois et Authe ;

3° La division de cavalerie saxonne se portera également sur Beaumont par Nouart et Oches.

En somme, l'armée de la Meuse marchait au Nord posément et sans idée offensive, et toute la cavalerie était lancée à l'ouest de la forêt du Dieulet. C'était tout, et c'était certainement insuffisant pour éclairer la situation. Le hasard fit mieux les choses.

A gauche, le corps de la Garde faisait mouvement en deux colonnes : 1re division et artillerie de corps sur Buzancy, 2e division sur Thénorgues. Sa cavalerie était en avant-postes vers Buzancy. Les reconnaissances de celle-ci constatent, dans la matinée, la présence d'infanterie française (une brigade) et de cavalerie vers Sommauthe, d'autres troupes campées à Boult-au-Bois, et enfin de troupes en mouvement de ce point vers Autruche ; les troupes, que suit pas à pas une reconnaissance d'officier, s'installent au bivouac à Saint-Pierremont. Le lieutenant de Plessen, du 3e régiment des uhlans de la

Garde, capture, près de Gérmont, le capitaine de Grouchy, attaché à l'état-major du maréchal de Mac-Mahon. Cet officier est porteur des dispositions du commandant en chef des forces françaises pour la journée du 29, et cet accident sera gros de conséquences.

De cet ensemble d'observations, il résultait qu'un corps français défilait de Boult-au-Bois sur Saint-Pierremont par Authe, à 4 kilomètres des fractions avancées de la Garde, et il peut paraître extraordinaire que pas un coup de fusil n'ait troublé ce défilé. Ce jour-là, le prince de Wurtemberg, commandant du corps de la Garde, fit preuve de plus de discipline et de sang-froid que de tempérament.

Ayant reçu l'ordre d'atteindre la route Buzancy—Stenay, il limite son initiative à l'occupation de Bar par l'avant-garde de la 1re division. Constatons cependant que, vers le soir, il poussera cette avant-garde jusqu'à Harricourt, *c'est-à-dire à 1 kilomètre plus en avant ;* mais, comme il ne s'agit, d'après les instructions reçues le matin à Aincreville, que de se « renseigner », il gardera assez d'empire sur lui-même pour n'être pas tenté de canonner les bataillons français qui défilent de Germont sur Authe, presque sous ses yeux. Que se serait-il passé ? Exactement ce qui se passait à quelques kilomètres sur la droite, à Nouart, sur la route de marche du XIIe saxon, où l'on était conduit à se procurer le renseignement par le combat.

Il faut convenir qu'à l'armée de la Meuse et à tous les degrés de la hiérarchie les ordres reçus étaient étroitement exécutés. Au début de la campagne, alors que les Allemands pouvaient tout appréhender, ils montraient plus d'audace ; maintenant qu'ils peuvent tout oser, ils deviennent plus que circonspects : la « fleur d'audace » était-elle donc fanée ?

Et cependant, malgré toute sa placidité, le commandant du corps de la Garde se trouva très embarrassé. Vers midi 30, il fut amené à se demander s'il n'allait pas être obligé de faire quelque chose, mais au fond sa résolution était prise, ainsi qu'on va le voir.

Devant lui, en effet, défile un corps français, et à quelques kilomètres sur sa droite, dans la direction de Nouart, voici que tonne le canon. « Ne sachant s'il devait marcher à l'ennemi le plus proche ou entrer en ligne dans l'action déjà entamée à Nouart », le prince Auguste de Wurtemberg prenait le parti d'en référer à son commandant en chef, non sans lui faire remarquer « qu'une opération offensive dans la première direction se trouverait dans de mauvaises conditions (?) » et « qu'un mouvement vers la droite, sur Nouart, aurait l'inconvénient de découvrir la croisée de routes de Buzancy » (!)

Le commandant de l'armée de la Meuse, heureusement, n'était pas loin et il s'empressa de le tirer de sa perplexité. A 2 h. 30, en effet, il lui faisait répondre ce qui suit :

« Pour aujourd'hui, il s'agit simplement de tenir les positions de Bar et de Buzancy ; la cavalerie n'a d'autre mission que de ne pas perdre le contact avec l'adversaire, si celui-ci venait à se replier. Il n'y a pas lieu non plus d'engager la Garde dans le combat de Nouart, à moins qu'il ne prenne un plus grand développement. »

La question se trouvant réduite à ces termes, comme dit l'Historique du Grand État-Major, le prince Auguste pouvait se tenir au calme : sa conscience était au repos. Mais quelle étrange mentalité que celle de ce commandant de corps d'armée qui, n'attaquant pas et n'étant pas attaqué, ne s'offre même pas à porter aide, le cas échéant, au corps voisin dont il entend le canon, et, tout au contraire, insiste sur l'inconvénient qu'il y aurait à découvrir la *croisée de routes de Buzancy !*

Passons à la cavalerie de ce corps d'armée.

En exécution des instructions données le matin à Ain=

creville, il appartenait à la cavalerie de la Garde de
« reprendre le contact un peu affaibli à l'aile gauche », et,
en conséquence, ordre lui était donné de « se porter par
Boult-au-Bois et Authe vers Beaumont et la route de cette
ville (?) au Chêne ».

Examinons comment cet ordre fut exécuté. Depuis la
veille, la cavalerie de la Garde était à Buzancy et l'on peut
déjà s'étonner qu'ainsi placée elle ait pu perdre le contact, puisque l'adversaire est à quelques kilomètres, à
Fossé et à Bois-des-Dames. La vérité, c'est que la cavalerie allemande n'avait pas pour habitude de tenir le contact
de nuit et que tous les organes de recherche rentraient au
cantonnement. Aussi est-ce de Buzancy que le 29 au matin
partent les patrouilles et les reconnaissances destinées à
reprendre le contact « un peu affaibli ».

Quand l'avant-garde de la 1re division du corps de la
Garde eût atteint Buzancy, son chef la poussa jusqu'à
Bar. Elle est *suivie* en ce point par le gros de la cavalerie
de la Garde, qui prend alors *position* au nord d'Harricourt, tandis que l'avant-garde d'infanterie place ses
postes avancés. Cette cavalerie ne bougera plus de sa
position. Elle laissera défiler à 4 kilomètres d'elle jusqu'à
4 heures du soir, deux divisions d'infanterie, une réserve
d'artillerie, une division de cavalerie sans les inquiéter
autrement que par ses vedettes et sans se donner même
la peine de les compter. Elle ne se portera « vers Beaumont et la route du Chêne », ni par Boult-au-Bois, ni par
Authe. Elle était cependant à même de contrôler les
divers renseignements transmis par ses pointes. Sa simple
apparition, une menace de sa part, eussent provoqué le
déploiement des forces adverses entre Authe et Saint-
Pierremont, ce qui eut permis de les reconnaître sans
grands frais. De cela, elle ne fit rien; elle resta collée à
l'avant-garde de son corps d'armée.

Les Français, cependant, ne craignaient rien tant que
cette intervention, qui eût augmenté encore leur désarroi

et leur fébrilité. Le 7e corps (Douai) qui avait bivouaqué à Quatre-Champs, Belleville et Boult-au-Bois avait reçu l'ordre de remonter, le 29, au Nord-Est, et de venir à la Besace (voir croquis n° 3). C'était une étape d'une vingtaine de kilomètres à exécuter en présence de l'ennemi que l'on savait à courte distance, sur le flanc droit et en arrière. Le 7e corps mit toute la journée pour atteindre Oches où il se trouva concentré vers 5 heures du soir. Il avait ainsi parcouru, avec de grandes fatigues et de continuelles inquiétudes, une douzaine de kilomètres ; et les troupes étaient si harassées que le général Douay prit sur lui de ne pas exécuter l'ordre du maréchal lui prescrivant de gagner la Besace. Il s'arrêta à Oches et rendit compte.

Quelles causes avaient ralenti à ce point la marche? Étaient-ce les attaques allemandes? Les Allemands n'attaquèrent pas. Le 7e corps ne marcha pas parce qu'il avait la crainte continuelle d'être attaqué. Il ne disposait d'aucun des organes — arrière-garde, flanc-garde — capables de lui assurer sa liberté de marche ; aussi l'apparition d'un peloton de uhlans provoquait-elle le déploiement de toute une brigade. Le reste s'arrêtait, et quand les uhlans avaient disparu, on repartait, pour « prendre position », une heure plus tard, dans les mêmes conditions.

Cette méconnaissance complète des règles de la sûreté a été signalée mainte fois. Il n'est pas inutile d'y revenir une fois de plus :

« *Clou martelé n'entre que plus avant.* »

La 1re division marchait sur Oches par Châtillon, Brieulles et Verrières.

Les 2e, 3e divisions, la réserve d'artillerie, la division de cavalerie (en queue), marchaient également sur Oches par Authe et Saint-Pierremont.

Que se passa-t-il?

A Châtillon (colonne de gauche), une brigade de la 1re division *se déploie sur la nouvelle* que la 2e division (colonne de droite) est fortement menacée. La nouvelle était fausse. On se reforme et on repart.

La 3e division, qui tenait la tête de la colonne de droite, avait pris la précaution d'envoyer un régiment et une batterie en flanc-garde vers Germont.

A 11 heures du matin, sur la nouvelle qu'on aperçoit des masses ennemies dans la direction de Buzancy, la flanc-garde est renforcée d'un régiment; mais, de plus, la 1re brigade de la 2e division s'établit sur les hauteurs au nord d'Authe ; *la 3e division, la réserve d'artillerie se déploient sur le plateau sud de Verrières, vers la ferme de Fond-Barré.*

La marche ne reprend qu'après deux heures d'attente.

Comment, avec de telles habitudes militaires, eût-on pu gagner la Besace ? Et n'est-on pas en droit de penser que l'apparition au nord d'Autruche de la division de cavalerie de la Garde eût figé sur place le 7e corps ?

Pour marcher en toute sécurité, il fallait *couvrir* la marche en tenant les trouées de Briquenay et d'Harricourt, puis les croupes au nord d'Harricourt.

Une brigade d'infanterie, renforcée d'artillerie et munie de quelque cavalerie pouvait, toute la matinée, barrer les coulées de Briquenay et d'Harricourt. La division de cavalerie trouvait son emploi au nord de Harricourt, et la flanc-garde suivait le mouvement général par Harricourt et Fortunoy.

*
* *

Passons maintenant au XIIe corps saxon.

La veille au soir, 28 août, il avait un régiment de cavalerie et la 48e brigade à Stenay ; les trois autres brigades à Dun, Milly et Lion-devant-Dun.

Le même soir, la 12e division de cavalerie avait été chassée de Nouart et s'était retirée sur Andevanne.

Sur des renseignements venus de la cavalerie de Stenay, qui signalait des avant-postes français devant Beaumont (c'était la cavalerie du 12ᵉ corps — Lebrun), le commandant du XIIᵉ saxon s'attendait à une attaque des Français sur Stenay et avait prescrit, en conséquence, une concentration de la 24ᵉ division sur ce point, pour le 29 au matin.

Ce mouvement était en voie d'exécution quand la 24ᵉ division reçut l'ordre de faire demi-tour et de venir, par Dun, aux positions indiquées par le commandant en chef (Cléry-le-Grand—Aincreville).

C'était l'exécution de l'ordre d'armée de 5 heures du matin.

On espérait maintenant atteindre les Français sur la rive gauche de la Meuse et, en conséquence, la 48ᵉ brigade (Stenay) ralliait le gros du corps d'armée, ne laissant en observation à Stenay que trois escadrons du 2ᵉ régiment de cavalerie et le 3ᵉ hussards de Zieten [1]. Son arrivée à Dun était escomptée pour midi.

Mais, à la suite de la conférence d'Aincreville, le XIIᵉ corps est mis définitivement en marche de Dun sur Nouart.

La 23ᵉ division, suivie à distance de la 47ᵉ brigade et, plus en arrière encore, de la 48ᵉ, atteignait Villers-devant-Dun à 8 heures du matin.

La 46ᵉ brigade (102ᵉ-103ᵉ régiments), le 1ᵉʳ régiment de cavalerie, deux batteries, constituaient l'avant-garde aux ordres du colonel Seydlitz. Celui-ci lance vers Nouart un escadron, qui fait connaître que ses patrouilles ont

---

[1] Le régiment venait du blocus de Metz. Il avait été chargé d'établir la liaison avec l'armée de la Meuse lors de la concentration projetée sur Damvillers. Quand la direction de Damvillers fut abandonnée, il atteignait Stenay. Il y resta.

vu des forces françaises à Champy, où elles ont été reçues
à coups de fusil.

Il jette alors un second escadron sur sa droite et vers
le Nord par Montigny, et les trois autres (celui de Nouart
a été repris) sur sa gauche, direction Fossé.

Ces escadrons se montrent très travailleurs, et c'est
plaisir à le constater devant la paresse de la 12ᵉ division
de cavalerie.

Celle-ci, en effet, se maintenait tranquillement à Andevanne, après avoir poussé un régiment à l'est de Barricourt. Une patrouille de ce régiment, jetée de bon matin
au nord de Nouart, s'étant heurtée à de l'infanterie
ennemie, le général comte de Lippe attendait, en conséquence, pour mettre en mouvement le gros de sa division, que l'avant-garde du XIIᵉ corps eût occupé Nouart.
C'est identiquement ce que nous avons vu se passer à
Buzancy, avec la cavalerie de la Garde ; de Moltke peut
être tranquille, il n'y aura pas de bataille prématurément
engagée du fait de ses cavaliers.

Mais ce que le comte de Lippe n'a pas su faire avec sa
division, le lieutenant-colonel de Sahr, qui commande
aux trois escadrons de l'avant-garde, le fera à sa place.
Celui-ci ne craint pas de prendre du champ ; il contourne
le bois de la Folie, gagne Fossé et de là remonte sur
Saint-Pierremont, où il tombe sur la colonne de droite du
7ᵉ corps français, et rétrograde ensuite sur Buzancy. Il
est à regretter que l'instinct de ce bon cavalier ne l'ait
pas amené à se rabattre plutôt du côté de son corps
d'armée, dont il entendait cependant le canon. Il serait
venu buter, par Vaux-en-Dieulet et Belval, sur les colonnes du 5ᵉ corps et aurait ainsi complété fort heureusement les renseignements que, dans le même temps,
procurait au commandant du XIIᵉ corps le combat de
son avant-garde. Peut-être le lieutenant-colonel de Sahr
a-t il agi avec trop d'indépendance, et c'est, semble-t-il,
le reproche qui peut lui être fait. En tout cas, le même

grief ne saurait être imputé au général comte de Lippe, car le commandant de la 12e division saxonne bornera son ambition à remplacer auprès de l'avant-garde du XIIe corps les trois escadrons partis à la dérive avec le lieutenant-colonel de Sahr et ménagera à ce point ses régiments qu'il les tiendra toute la journée en arrière et sur les talons de l'avant-garde.

V

Le combat de Nouart.

(Croquis n° 4.)

L'avant-garde du XIIe corps avait atteint Villers-devant-Dun à 8 heures du matin. Elle était commandée par le colonel de Seydlitz, et comprenait : le 1er régiment de cavalerie, la 46e brigade d'infanterie (102e-103e régiments), deux batteries, une lourde et une légère, et un peloton de pionniers. Sa direction de marche était Nouart et sa mission était « *de se renseigner sur la situation de l'adversaire...* »

Lorsque le colonel de Seydlitz atteignit, vers 9 h. 30, la crête qui sépare Tailly de Nouart, il savait :

1° Que dans la matinée, l'adversaire avait reçu à *coups de fusil, au nord de Nouart,* une patrouille de la 12e division de cavalerie ;

2° Que les patrouilles du régiment de cavalerie de l'avant-garde avaient vu *des forces françaises à Champy,* où ces patrouilles avaient été reçues à coups de fusil.

A hauteur de Nouart, l'avant-garde allait donc entrer dans une zone dangereuse, et, comme il ne s'agissait que de se « renseigner sur *la situation* de l'adversaire », dont la force et les desseins étaient, d'ailleurs, totalement inconnus. il y avait lieu d'être prudent, et, en effet, le colonel de Seydlitz engagea son avant-garde avec la plus grande circonspection.

Il fait occuper Nouart par une compagnie (3e/103e) et tient le reste de l'avant-garde hors des vues sur le revers est de la croupe Tailly-Nouart, pendant que deux escadrons du 3e de cavalerie, régiment d'avant-garde de la 12e division de cavalerie, se portent vers les hauteurs de Champy et de Bois-des-Dames, d'où ils sont bientôt rejetés sur Nouart par une vigoureuse fusillade.

« Vers midi, l'avant-garde du XIIe corps s'était déployée sur la croupe qui s'étend entre Nouart et Tailly : en première ligne, les deux batteries, encadrées et cou-

Croquis n° 4.

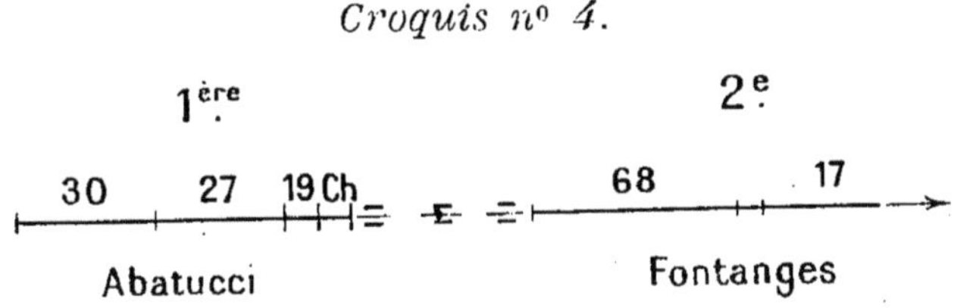

vertes par le 102e; en seconde ligne, le 103e. Le gros du corps d'armée s'approchait des hauteurs au sud de Tailly (45e, 47e brigades et artillerie de corps). La 48e brigade, venant de Stenay, atteignait les environs de Dun, tandis que trois escadrons du 2e de cavalerie et le 3e régiment de hussards observaient la ligne de la Meuse et poussaient leurs patrouilles sur Beaumont et Beaufort [1]. »

En ce moment, le 5e corps français, qui venait de quitter ses bivouacs à Vaux, Belval et Bois-des-Dames, se dirigeait en deux colonnes vers la Meuse, qu'il devait franchir au pont de Stenay, en exécution des ordres de la veille. Le général de Failly n'avait pas eu connaissance, en effet, des dispositions nouvelles prises par le maréchal

---

[1] *Revue d'Histoire*, n° 62.

et qui devaient, ce jour-là, respectivement amener le 7e corps à la Besace et le 5e corps, par Beaumont, sur le pont de Mouzon ; l'officier porteur de l'ordre concernant le 3e corps avait été capturé dans la matinée près de Germont par le lieutenant de Plessen, de la cavalerie de la Garde, et cet ordre important n'avait été envoyé que par une voie unique.

Le 5e corps se dirigeait donc sur Beaufort et Beauclair en deux colonnes, auxquelles il était recommandé de « marcher militairement et de se faire éclairer sur leur front et sur les flancs », car elles pouvaient avoir affaire à « une cavalerie assez nombreuse, avec quelques pièces d'artillerie ».

Deux divisions (1re et 2e), la réserve d'artillerie, les ambulances et les bagages devaient se porter sur Beaufort par le bois de Belval et la ferme Maucourt ; la division de cavalerie Brahaut (2 régiments) et la 3e division, par Bois-des-Dames, Champy-Haut, sur Beauclair.

Cependant, certains renseignements recueillis dans la matinée, et entre autres ceux d'une grand'garde d'infanterie placée à la crête boisée au nord-ouest de Nouart, avaient donné à penser au général de Failly que la marche pourrait être entravée plus sérieusement que par « une cavalerie assez nombreuse avec quelques pièces d'artillerie ». Aussi, avant de mettre les colonnes en marche, avait-il chargé le général Brahaut de faire une reconnaissance sur Beauclair. Le besoin s'en faisait sentir, en effet ; mais c'était s'y prendre peut-être un peu tard.

Comment s'exécuta cette reconnaissance ? La *Revue d'Histoire* nous le conte.

« La division se mit en marche en colonne par quatre, trompettes en tête, suivis du général de division et de son état-major ; puis venait le 12e chasseurs et enfin le 5e lanciers. Deux escadrons du 5e hussards éclairaient sur les flancs.....

« Un peloton du 12e chasseurs, envoyé sur Nouart, revint bientôt, annonçant que cette localité était occupée par de l'infanterie ennemie.....

...Le 4e escadron (du 12e chasseurs), dispersé « en tirailleurs » et prolongé bientôt par le 5e..., gravit les pentes assez raides qui bordent la rive droite de la Wiseppe, à peu près en face de la corne sud-ouest du bois de Nouart. Le reste de la colonne s'arrêta au pont.

« Peu après le 6e escadron ayant à sa tête le colonel de Tucé suivit en arrière comme soutien avec le général de division et tout l'état-major...

« *Le général de division et le général de Bernis, accompagnés de leurs états-majors, se portèrent en avant de la ligne des tirailleurs des 4e et 5e escadrons du 12e chasseurs pour se rendre compte, par eux-mêmes, de la situation.* »

En arrivant sur la crête du plateau, le général de division eut le temps d'apercevoir de nombreux tirailleurs couchés qui se levèrent et ouvrirent un feu roulant, puis, se portant au pas de course en avant, ils exécutèrent une fusillade violente sur les groupes de cavaliers qui se rejetèrent en désordre dans la vallée et vinrent se rallier derrière le bois de Nouart.

Le but de la reconnaissance était atteint. Mais par quels moyens ! Il est vrai que le général de division avait pu voir lui-même, à brûle-bourre, « des troupes sur plusieurs lignes, s'étendant autant que la vue pouvait porter, dans la direction de Barricourt, ayant leur droite non loin du bois de Nouart... ». C'était l'avant-garde du colonel de Seydlitz.

Du côté allemand, en effet, après que le déploiement de l'avant-garde eut été opéré, le colonel de Seydlitz, des hauteurs de Nouart, avait aperçu le mouvement de la division de cavalerie du 5e corps et avait immédiatement fait appuyer le IIIe bataillon du 102e vers le bois de Nouart. Deux compagnies déployées de ce bataillon avaient reçu à coups de fusil la reconnaissance du général

Brahaut, en même temps que les deux batteries de l'avant-garde canonnaient les escadrons restés au pont de la Wiseppe.

Après cet incident, les batteries allaient pouvoir s'employer contre la tête de colonne de la 3ᵉ division (de Lespart) qui suivait la route du bois des Dames à Champy-Haut.

Marquons en ce point un palier et examinons les faits qui viennent d'être rapportés.

La colonne de droite (Sud) du 5ᵉ corps français, canonnée en pleine marche par l'artillerie allemande, se trouvait tactiquement surprise. Elle n'avait pris en effet, aucune des précautions élémentaires qui pouvaient garantir sa liberté de marche. Éreintée, elle s'était contentée, durant la nuit précédente, de porter une grand'garde de deux compagnies (1ᵉʳ bataillon du 68ᵉ de ligne) « à la lisière du bois sur la crête », 1 kilomètre nord-est de Nouart. Ces deux compagnies avaient été mises en alerte, à la pointe du jour, par des cavaliers ennemis, — c'était une patrouille du régiment d'avant-garde de la division saxonne, — à la suite de quoi elles avaient été renforcées par deux autres compagnies. De la crête occupée, le commandant du bataillon vit « *des colonnes d'infanterie avec de l'artillerie en mouvement qui paraissaient prendre position en arrière et à droite du village de Nouart* ». Il en informa son colonel, qui fit prévenir le général de brigade. Celui-ci en informa le général de division.

Ce renseignement n'était pas de mince importance et cependant il ne paraît pas que le général de division s'en soit fort préoccupé. Peut-être laissa-t-il au général de brigade le soin de « se débrouiller ». On voit, en effet, celui-ci donner l'ordre au colonel du 68ᵉ de se tenir prêt à aller renforcer la grand'garde avec le IIᵉ bataillon « si une tentative de l'ennemi, qui masquait ses mouvements et qui se concentrait dans le bois en arrière de

Nouart, avait lieu ; mais il ne fit aucune démonstration ».

A quoi attribuer, de la part des Français, une telle indifférence, un tel mépris de l'adversaire, sinon à une sorte de fatalisme résigné qui pesait sur toute l'armée ? L'aberration était complète ; un renseignement extrêmement important est envoyé au général de division, qui ne paraît pas l'avoir transmis intégralement au commandant du corps d'armée, et d'ailleurs, puisque l'ennemi ne faisait « aucune démonstration », la grand'garde pouvait être relevée et rejoindre son régiment ; il en fut fait ainsi, et quand le canon de l'avant-garde allemande tonna contre la cavalerie Brahaut puis contre la tête de colonne de la division Lespart, il n'y avait plus un fusil français au sud de la Wiseppe !

Nouart aurait dû être occupé le 28 au soir par toute une brigade renforcée d'artillerie. Elle aurait tenu pendant la nuit Tailly et Fossé, Fossé surtout. Le 29, avec le concours de la division de cavalerie Brahaut, elle eût été chargée de couvrir la mise en route du 5e corps sur Stenay ; elle eût flanqué sa marche et joué enfin le rôle d'arrière-garde en tenant successivement les lignes Bois de Nouart—Bois de Tailly—Halles—Beauclair et enfin les lisières ouest du Dieulet.

Malheureusement ces précautions, ces procédés, si l'on veut, étaient ignorés ou méconnus à l'époque, et le commandant du 5e corps ne pouvait pas plus organiser sa marche sur Stenay qu'il n'avait su l'organiser antérieurement sur Bitche. Le 5e corps allait donc être contraint de stopper tout entier pour répondre à la simple menace d'une attaque.

Il convenait, d'autre part, de ne pas mettre simultanément en route les deux colonnes, si tant est que deux colonnes eussent leur utilité. Les itinéraires de chacune d'elles se rejoignaient en effet à 1,500 mètres à l'est de Beaufort, dans le Dieulet, et à partir de ce point, pour gagner le pont de Stenay, la marche ne pouvait plus se faire qu'en une seule colonne. Comme les têtes avaient la même distance à parcourir pour atteindre l'origine du tronçon unique, l'une des colonnes aurait été forcée de s'arrêter sur place pour attendre que l'autre se soit écoulée, et, pendant plusieurs heures, la plus grande partie du 5e corps serait demeurée massée dans la cuvette Beaufort-Beauclair, exposée aux coups d'une artillerie adverse installée au débouché des ravins de Tailly et de la Forgette, et n'ayant rien à craindre de l'artillerie française obligée de s'installer en contre-bas.

Si, au lieu de se produire à midi, l'attaque de l'avant-garde du XIIe corps s'était produite deux heures plus tard, les événements que nous venons d'envisager se seraient infailliblement réalisés, et l'on peut imaginer dans quel désarroi se fût trouvé le 5e corps à la tombée de la nuit.

L'organisation de la marche de ce corps d'armée sur Stenay n'avait donc pas été faite avec tout le soin désirable. Même en faisant abstraction de l'ennemi, la mise en marche était telle que l'une des colonnes allait être forcée de piétiner sur place, au lieu qu'avec des heures de départ convenablement échelonnées, la tête de l'une arrivait à l'entrée du défilé au moment où la queue de l'autre y entrait. C'est l'a. b. c du métier. Mais peut-être n'avait-on pas l'intention de franchir le Dieulet? L'ordre du 5e corps pour le 29 prévoyait en effet que le quartier général serait le soir à Beaufort et ne parlait nullement du passage de la Meuse et de l'attaque éventuelle du pont de Stenay ; c'était borner l'étape à une marche de 8 kilomètres !

En ce qui concerne le déploiement ou plutôt le rassemblement de l'avant-garde saxonne, il y a peu à dire.

La prudence avait été recommandée le matin, à Aincreville, aux commandants des corps d'armée de première ligne. Il ne s'agissait pas d'attaquer, ce qui eût pu amener une bataille dont on ne voulait pas, mais seulement de se renseigner sur l'adversaire.

Ces renseignements, si les circonstances s'y prêtaient (et les Français y mettaient tant de bonne volonté !), pouvaient être demandés *simplement à la vue*, et, à considérer les dispositions prises par le colonel de Seydlitz en arrivant sur Nouart, il est clair que les Allemands faisaient fond sur ce moyen.

D'ailleurs, l'*Historique* le confirme : « *La nature couverte et accidentée du pays ne permettant pas de se rendre compte des forces de l'adversaire*, l'avant-garde saxonne reçoit l'ordre, quelques instants après midi, de se porter offensivement sur Champy, tout en conservant les hauteurs de Nouart, afin *d'amener les Français à se déployer.* »

Voilà enfin la bonne théorie et la saine pratique. Pour compter les gens il faut les obliger à se montrer, et pour les faire se montrer, il n'y a qu'une ressource : attaquer. Se renseigner sur les gros impliquera toujours une action de force, à moins que l'on ne dispose de dirigeables... ; mais nous n'en sommes pas encore là ; cela viendra.

Le colonel de Seydlitz dispose de deux régiments : le 102e sera chargé de tenir les hauteurs de Nouart ; le 103e, de l'action offensive sur Champy.

Les IIe et IIIe bataillons dévalent sur le Moulin de la Wiseppe, à 1,500 mètres nord-est de Nouart où ils passent la rivière, non sans avoir été en butte aux coups de deux batteries de mitrailleuses installées au carrefour des chemins de Nouart à Champy-Haut et à la Fontaine au Croncq.

Le IIe à droite, le IIIe à gauche franchissent la route de Buzancy à Stenay et prennent pied à 500 mètres en avant, dans une ligne de boqueteaux qu'ils ne peuvent dépasser sous les feux convergents et nourris de tirail·

leurs français établis aux abords de Champy-Haut, et près des batteries de mitrailleuses.

Une troisième batterie saxonne vient renforcer les deux autres, puis le colonel de Seydlitz dirige le Ier bataillon vers la droite de la ligne. Ce bataillon passe la Wiseppe au Moulin, s'avance au pas de course le long de la route, puis appuie à gauche et vient border la lisière nord d'un bois de bouleaux qui forme point d'appui extrême et qu'occupe déjà une compagnie. Une demi-compagnie, plus à droite encore, réussit même à prendre pied dans le bois situé entre Champy et la Ferme de Maucourt, d'où elle ouvre un feu de flanc efficace contre les tirailleurs français embusqués sur le pourtour sud-est de Champy-Haut.

Le commandant du corps d'armée, prince Georges de Saxe, qui suivait la marche de l'action de la hauteur voisine de Tailly, remarquant que l'adversaire faisait mine de se porter en avant, prescrit au 102e de se tenir prêt à recueillir les troupes engagées. Le IIIe bataillon de ce régiment vient, en conséquence, sur la grande route, à l'ouest du Bois de Nouart, mais la courte démonstration offensive des Français prenait fin au moment même où ce bataillon atteignait la route.

Le commandant du 103e s'apprêtait à marcher à son tour sur Champy avec l'aile droite (Ier et IIe bataillons) quand le prince Georges donne l'ordre de rompre le combat, le but poursuivi lui paraissant atteint. Il est 3 heures. Le gros du corps d'armée est à portée ; la division de cavalerie est venue d'Andevanne à Barricourt : 4 kilomètres. Son ordre peut être exécuté, car les Français ne paraissent pas se soucier de passer à l'offensive.

Au moment où l'infanterie et l'artillerie de l'avant-garde allemande ouvrirent le feu, la division de Lespart avait déjà dépassé Champy-Haut avec ses fractions avancées. Elle marchait dans l'ordre suivant : 2e brigade (17e-68e) (Fontanges), artillerie : 3 batteries dont 2 de mitrailleuses, 1re brigade (19e bataillon de chasseurs, 30e-27e) (Abbatucci). Le 17e était d'avant-garde.

Le général de Fontanges dispose immédiatement le 17e pour recueillir ou protéger le rassemblement de la cavalerie Brahaut. Le bataillon de tête s'installe dans un chemin creux à la sortie du hameau et jette une compagnie vers le mamelon boisé à l'est de Champy. Un autre bataillon garnit les lisières et les jardins ; le troisième est rassemblé en arrière. La batterie de canons prend position au nord de Champy-Haut.

Le général de Failly, pendant ce temps, dirige lui-même le 68e vers la fourche des chemins de Champy et

Croquis n° 5.

de la Fontaine au Croncq sur Nouart. Les deux batteries de mitrailleuses s'installent sur ce point entre deux des bataillons du 68e. Le troisième est en réserve.

Enfin la brigade de queue est dirigée par la Fontaine au Croncq et le vallon des Fontaines de Puiseux en arrière du plateau boisé qui domine Nouart au Nord et qu'avait abandonné quelques instants auparavant le bataillon de grand'garde du 68e dont nous avons parlé précédemment. Le 27e garnit la crête face à Nouart jusqu'au chemin Nouart-Fossé et sera prolongé ensuite par le 19e chasseurs. Enfin le 30e s'intercale entre le 68e et le 27e. Les réserves sont sur le plateau en arrière de la crête.

En somme, toute la division de Lespart est en ligne depuis Nouart, par Champy-Haut, jusqu'au mamelon boisé à l'est de ce village : *13 bataillons sont déployés contre les 12 compagnies du 103e saxon ;* une division tout entière est jetée à la parade contre un adversaire qui n'a presque rien montré de ses forces.

Mais si la surprise a été complète, il faut du moins reconnaître que la mise en garde de la division Lespart a été faite avec ordre, décision et rapidité. Des troupes moins solides, des chefs moins aguerris se seraient rejetés en arrière au lieu de se porter en avant. Le général de Failly montra un grand sens tactique en dirigeant immédiatement le 68e puis la brigade Abbatucci sur le plateau au nord de Nouart. L'occupation prompte de ce plateau s'imposait en effet, si l'on ne voulait pas voir les Saxons y prendre pied eux-mêmes et y amener de l'artillerie qui se serait trouvée là à portée efficace. Mais, puisque ce point était de si grande importance, pourquoi le bataillon du 68e qui l'occupait dans la matinée l'avait-il abandonné ? Les faits devaient eux-mêmes marquer la faute commise : un bataillon du 68e fut précisément chargé de s'y reporter.

Quant à la colonne de gauche du 5e corps qui marchait sur Beaufort à travers la Forêt de Belval, elle reçut l'ordre de faire demi-tour pour « prendre position à Bois des Dames », puis le général de Failly qui tenait toujours Stenay pour son objectif, rendit compte au maréchal de Mac-Mahon des événements et lui demanda de nouvelles instructions pour le cas où il ne serait pas possible au 5e corps de déboucher sur Stenay.

La division L'Abadie vint à l'est de la ferme Harbeaumont, la division Goze à l'ouest de cette ferme, sur la crête entre les vallons de Belval et de Bois des Dames ; la réserve d'artillerie sur les hauteurs de la ferme Harbeaumont.

L'artillerie des divisions et celle de la réserve s'étaient mises en batterie. Mais leur feu ne tarda pas à être suspendu en raison de la distance qui le rendait tout à fait inefficace.

On a vu plus haut que le prince Georges de Saxe avait arrêté vers 3 heures le mouvement offensif de l'aile droite du 103e saxon sur Champy-Haut, le résultat à attendre du combat de reconnaissance lui paraissant atteint.

Or, à ce moment, le 17e de ligne français, qui tenait les abords de Champy et qui souffrait du feu de l'artillerie, rappela dans le chemin creux ses compagnies les plus avancées. Le général de Failly, dont l'artillerie était à peu près impuissante, résolut alors de replier toute la division de Lespart, afin « d'occuper des positions plus sûres », et chargea la division L'Abadie de relever la brigade de Fontanges, en même temps que la brigade Abbatucci venait prendre une nouvelle position à la Côte Jean.

L'ordre de replier la division de Lespart a probablement été dicté par d'autres considérations que le léger mouvement de recul du 17e de ligne à Champy. Ces considérations, nous les ignorons, et le Journal de marche du 5e corps rédigé par le colonel Clémeur n'en porte pas trace. Quoi qu'il en soit, tenons-les pour fondées, mais demandons-nous pour quelles raisons, le général de Failly a cru devoir combiner ce mouvement général de repli avec la relevée de la brigade Fontanges par la brigade Maussion (division L'Abadie). La brigade Fontanges était-elle donc, après trois heures de combat, incapable de continuer à constituer la ligne de feux et les échelons de repli ? Rien n'autorise à le penser ; puisqu'en somme elle n'avait pas reculé d'une semelle, et que ses pertes, sans être insignifiantes, n'étaient pas très sérieuses. Le 17e accuse 5 officiers et 118 hommes hors de combat, le 68e n'en compte que 52 et un seul officier. Les mouvements de relève ordonnés aux deux régiments et à l'artillerie de la brigade Maussion ne paraissent donc pas très justifiés et il semble que ce passage de ligne aurait pu être évité. On s'est beaucoup agité au 5e corps devant un ennemi en quelque sorte passif ; il n'en fallait pas tant pour tenir un régiment saxon en respect.

Mais il est à supposer que ce régiment préoccupait moins le général de Failly que ce qu'il finissait par deviner derrière, et l'on conçoit avec quelle anxiété il attendait les instructions sollicitées du Maréchal.

Son inquiétude est manifeste. Il prévoit « qu'il lui est actuellement impossible de se rendre à Beauclair et à Beaufort et que devant lui il doit se trouver nécessairement des forces ennemies considérables qui vont lui barrer les chemins de Stenay... », et, d'autre part, « vers 4 heures, il s'aperçoit que la cavalerie ennemie cherche à le tourner sur sa droite pour se diriger par Nouart et Fossé vers Sommauthe..., *point culminant de la contrée qu'il est de la plus grande nécessité de conserver, pour rester en communication avec Stonne et l'armée*[1] ».

La 12e division de cavalerie saxonne qui depuis le matin se tenait vers Barricourt la bride au bras avait, en effet, été invitée « vers 4 heures à déborder la droite des forces ennemies postées à Champy, pour aller voir ce qui se passait à Beaumont ». C'est ce que depuis deux jours on lui demandait de faire. Elle n'alla pas loin : son ardeur offensive fut brisée par des coups de fusil et de canon qu'elle reçut à la Côte Jean occupée par la brigade Abbatucci. Quelques escadrons, cependant, constataient la présence de forces considérables aux abords de Belval et de Saint-Pierremont. Ce sont ces escadrons qui préoccupèrent tant le commandant du 5e corps.

C'est là tout ce que fit dans la journée du 29 la cavalerie saxonne ; elle vint ensuite coucher aux Tuileries près d'Andevanne, à son bivouac de la veille, et ainsi se termina la « reconnaissance très excentrique[2] » qui lui avait été demandée.

En somme, vers 4 heures du soir, les Français se

---

[1] Journal de marche du 5e corps.
[2] Historique du Grand État-Major.

repliaient sur les hauteurs de Bois des Dames en même temps que les Saxons abandonnaient le terrain conquis dans la direction de Champy-Haut. Le prince Georges jugeait que la reconnaissance avait atteint son but et ne voulait pas pousser plus avant, bien que la majeure partie de son corps d'armée fût à portée de l'avant-garde. Il estimait à une division au moins les forces que l'adversaire avait engagées ou seulement laissé voir, et il considérait comme suffisant, dans ces conditions, de faire contrôler les renseignements envoyés par l'escadron détaché dans la matinée vers Montigny, lequel signalait des forces sérieuses à Beaufort et Beauclair.

La 45e brigade fut envoyée dans cette direction par le vallon de Tailly et bientôt elle rendit compte que toute la région était libre de Montigny jusqu'à Beaufort.

La journée, du côté allemand, était terminée. Du côté français, le général de Failly recevait enfin, à 5 heures du soir, l'ordre du Maréchal de se rendre à Beaumont. Malgré le peu de mordant des troupes ennemies qu'il avait eues devant lui, il crut devoir, pour couvrir la retraite qui allait s'exécuter de nuit, prendre toutes les précautions que lui paraissait comporter la situation et qu'il n'avait pas prises la veille. La marche sur Beaumont commença à 7 heures du soir sous la protection des brigades Nicolas et Maussion et s'exécuta dans des conditions qu'il n'est pas dans le cadre de cette étude de rappeler. La cavalerie avait pris les devants à 5 h. 30.

VI

Réflexions.

Rien n'est triste comme de constater, à chacune de ces douloureuses journées de la campagne de 1870, l'inaptitude du commandement français à organiser la sûreté ; il n'en a que l'intuition vague et la conception rudimentaire.

Et cependant, c'est seulement quand la sûreté est assurée que les troupes peuvent dormir, marcher et combattre. Les 5e et 7e corps sont moins à bout de forces du fait des distributions qui se font mal que de l'inquiétude et de l'énervement résultant de l'insécurité constante. La peur du uhlan fut une réalité, mais on n'osait l'avouer ne sachant pas comment la combattre. Les liens militaires se desserraient peu à peu et ne se renouaient que devant le danger commun ; les hommes allaient au feu avec l'espoir rageur de se venger des misères qu'ils avaient subies. On les verra, le lendemain 30, à Beaumont, se lever des champs boueux, où ils dorment comme des bêtes éreintées, pour faire crânement face à l'ennemi qui surgit soudain à 800 mètres des bivouacs, réussissant un nouveau coup de surprise. Mais les ressorts ainsi tendus doivent fatalement arriver à se rompre. Après Bazeilles et Illy, ce sera le tassement lamentable sous les murs de Sedan.

Les hommes ignorent où l'on va, les officiers n'en

savent pas davantage. Ils ont été tellement ballottés par les marches et les contremarches, les arrêts, les prises de position, que, devenus fatalistes, ils se prêtent à tout sans chercher ni vouloir comprendre. Un chef de corps, le commandant du 19e bataillon de chasseurs a cru, pendant toute la journée du 29, et même après, que ce jour-là le but de la marche était Beaumont [1]. Il en est d'autant plus convaincu que l'on finit par y arriver à 3 heures du matin.

Si la sûreté est ignorée, l'organisation matérielle des marches est sacrifiée. Les « parties de drogue » sont sous-entendues dans les ordres de marche. Ceux-ci sont « bâclés », si l'on ose dire. Celui du 5e corps pour la journée du 29 en est un type. On y lit des prescriptions importées des colonnes d'Afrique, telles que celles-ci :

> Boute-selle et boute-charge à...
> A cheval à...
> Départ à...

Nous avons montré précédemment que les deux colonnes prévues seraient venues converger, si l'ennemi ne s'était pas présenté, à l'entrée du Dieulet où les deux itinéraires se rejoignent. L'une des colonnes aurait dû stopper en attendant que l'autre se soit écoulée. La même faute fut commise le soir du 29.

Il y avait cependant le plus grand intérêt à organiser avec soin la marche de nuit sur Beaumont, le soir du 29. Il fallait en premier lieu faire filer toutes les voitures en avant. On les intercala dans les colonnes. Le mouvement d'ensemble ne put commencer qu'à 7 heures du soir. On

---

[1] *Revue d'Histoire*, n° 62, p. 397. Historique du 19e bataillon de chasseurs.

forma encore deux colonnes. Or elles venaient converger à La Forge ; de ce point à Beaumont, il n'y avait plus qu'une seule route. On ne s'en préoccupa pas. Dans la nuit noire, à La Forge, il y eut écrasement. Résultat : on mit six heures pour faire 8 kilomètres. Les choses ne se seraient pas passées plus mal si l'on avait dû fuir devant un ennemi pressant.

La cavalerie aurait dû être laissée sur place, après le départ de l'arrière-garde, de façon à se trouver sur les hauteurs de Belval au petit jour pour « voir venir ». Au contraire à 5 h. 30 elle part pour Beaumont ; les escadrons, qui sont à Beaufort sous le commandement du général de Bernis vont à Beaumont par Bois des Dames-Vaux-en-Dieulet, et Sommauthe alors qu'ils auraient pu emprunter le chemin de la Fontaine aux Fresnes à travers le Dieulet, ou celui de La Forge.

Bref du côté français se révèle la faiblesse du commandement, la faiblesse des états-majors. On se bat bien, mais *on ne sait pas* se battre. Les troupes sont bonnes marcheuses, on ne *sait pas marcher*. Les états-majors sont pleins de brillants et braves soldats : ils ne *savent pas leur métier*.

Et partout et toujours la même triste constatation...

Du côté allemand, se révèle très nettement l'esprit de méthode et de prudence un peu étroit qui règle les décisions du haut commandement. Nous avons vu le grand quartier général ne se déterminer que sur des renseignements souvent vieillis et périmés, osciller en conséquence d'une opinion à une autre, au lieu d'aller de l'avant avec les précautions, c'est-à-dire les organes appropriés. On se demande vraiment ce qui serait advenu si les renseignements lui avaient fait défaut. Car enfin, si la cavalerie française avait été rationnellement employée, si elle avait tendu un rideau devant les divisions de la cavalerie allemande, comme le bon sens l'indiquait, à quoi les renseignements venus du front se seraient-ils réduits ? A rien

ou à peu de chose. Le Grand État-Major eût été contraint à
marcher dans l'inconnu, et alors, ou bien la nécessité lui
eût fait découvrir le moyen, l'organe approprié aux circonstances, — ce qui est douteux, — ou bien il eût été
contraint d'aller à tâtons, comptant sur sa bonne étoile
ou sur une nouvelle indiscrétion de la presse.

Les fluctuations inévitables dans les décisions du commandement, le caractère de prudence qu'affectent cons-
tamment celles-ci, se traduisent aux divers échelons par
une obéissance étroite, un manque absolu d'initiative. Les
cavaleries cheminent posément, sous la conduite de chefs
aux ardeurs bridées qui, d'ailleurs, paraissent en prendre
très bien leur parti.

Le commandant de l'armée de la Meuse passe sa nuit
du 28 au 29 à édifier des solutions qui lui paraissent
répondre à la fois à la situation telle qu'il la conçoit et
aux vues de de Moltke telles qu'il les imagine.

Et, en définitive, toutes les dispositions prises, tous les
ordres donnés à l'armée de la Meuse du 28 soir au 29
matin, ne sont que des compromis, des moyens de for-
tune appropriés tant bien que mal aux circonstances. On
dirait volontiers que les états-majors se refusent à voir
les choses sous leur vrai jour. Il y a mieux... ou pis...
N'avons-nous pas vu le prince royal de Saxe aller carrément le 29, au matin, à l'encontre des ordres de de
Moltke en portant son armée au Nord sans plus attendre,
et cependant il n'était pas douteux que, malgré la latitude
laissée, le grand quartier général eût préféré que le commandant de l'armée de la Meuse ne pressât pas le mouvement.

Sont-ce là des critiques? Non, c'est la constatation de
faits qui découlent de l'association de tempéraments et de
caractères nécessairement différents, pour une œuvre
commune. Mais dira-t-on, il n'y avait pas unité de doctrine, puisque la même situation était parfois envisagée
différemment par de Moltke et par le prince de Saxe? Si

bien ; l'un et l'autre envisageaient la même solution, mais le premier la désirait plus éloignée, le second la voulait plus immédiate ; l'un opérait en stratége, l'autre en tacticien. La force des choses a donné raison au commandant de l'armée de la Meuse ; pour voir clair il sentait la nécessité de combattre ; il a attaqué et il a vu clair.

D'ailleurs, la responsabilité prise par lui était sérieuse. Son intention, les ordres donnés à l'avant-garde du XII⁰ corps, avaient en vue une action limitée. Mais sait-on jamais si l'incendie allumé pourra facilement être éteint ? Les avant-gardes de Steinmetz ont amené Borny. L'attaque de la 46⁰ brigade pouvait déchaîner la bataille générale, et cependant de Moltke dit que « dans les circonstances présentes on n'avait plus à craindre que ce mouvement (le mouvement en avant de l'armée de la Meuse) provoquât une bataille prématurée ».

C'est là une défaite, car il n'y avait rien de changé dans la situation générale depuis le moment où il envoyait aux chefs d'armée son ordre de minuit. L'action engagée à midi ne pouvait être, en tout état de cause, décidée dans la journée. Or, le lendemain 30, cinq corps allemands au moins, six peut-être pouvaient être à la bataille.

La décision du prince de Saxe ne contrecarrait donc nullement les intentions du général de Moltke. Au pis aller, il lui préparait sa bataille.

Les corps allemands font des marches quotidiennes très fortes. Ils savent marcher. Le 30, le II⁰ bavarois partira des environs de Grandpré et ira coucher à Raucourt (près de 40 kilomètres) tout en prenant part au combat de Beaumont. Ils savent aussi se reposer. Après Nouart, n'ayant cependant pas grand'chose à craindre des Français qui se retirent en désordre sur Beaumont : « le corps d'armée saxon s'entourait d'un vaste cordon d'avant-postes commençant à Montigny pour s'étendre, par

Beaufort, jusqu'entre Nouart et Champy. Ces postes avancés étaient fournis par le 102e, le 108e, le 17e uhlans et quelques autres escadrons. »

La cavalerie manque de mordant. Elle se traîne plus qu'elle ne vole. Les seuls officiers subalternes paraissent avoir de l'entrain. A part, la randonnée du lieutenant-colonel de Sahr, elle ne fait rien ou à peu près dans cette journée du 29. Au XIIe corps saxon, un escadron lancé vers Montigny n'envoie que des renseignements reconnus faux. La 12e division de cavalerie, chargée vers 4 heures du soir de déborder la droite française et de piquer sur Beaumont, se heurte vers Fossé à des fusils et s'en tient là. En augmentant le rayon de son détour, rien cependant ne l'empêchait d'atteindre les hauteurs de Sommauthe avant la nuit.

Le prince Georges de Saxe est auprès du commandant de l'avant-garde et dose le combat, sans cependant s'immiscer dans le placement ou la conduite des unités. Il eût pu voir, du bout de sa lorgnette, le général de Failly, diriger lui-même les bataillons du 68e et ne les placer, d'ailleurs, pas très bien, au jugement du général de Fontanges, de qui ces bataillons relèvent : « Pendant que je faisais occuper ainsi des positions *utiles* par le 17e de ligne, le deuxième régiment de ma brigade, le 68e de ligne, *avait dû obéir* aux ordres qu'il avait reçus de M. le général en chef, et ses bataillons, séparés les uns des autres, *opéraient chacun pour leur compte dans différentes positions.*

« *Il ne m'était plus possible de les réunir, je les laissai agir sous les ordres du général en chef*, et je retournai au 17e de ligne, *avec lequel je pouvais au moins opérer d'une manière efficace si la nécessité s'en faisait sentir* [1] . »

---

[1] Rapport du général de Fontanges au général de L'Abadie.

C'est la paraphrase un peu dure de l'axiome connu :
« A chacun son métier... »

Le commandant de l'armée de la Meuse est à midi à
Bayonville à portée de ses corps de première ligne. Ainsi
placé, il se trouve à 5 ou 6 kilomètres de Buzancy et de
Barricourt, ce qui lui permet d'orienter définitivement le
corps saxon et de trancher le cas de conscience qui agite
le prince Auguste de Würtemberg. Au premier il envoie
l'ordre suivant, reçu pendant l'action : « Après l'arrivée
du gros, l'avant-garde dépassera Nouart et s'assurera des
forces ennemies qu'elle a devant elle. »

Au second, il répond : « Pour aujourd'hui il s'agit simplement de tenir les positions de Bar et de Buzancy... »

Ainsi donc, quand vient l'heure de combattre, chacun,
du côté allemand, est à sa place. Il a été recommandé de
ne pas engager d'affaire sérieuse, le 29, et de se contenter de forcer l'adversaire à montrer ses forces. L'opération ainsi limitée, ne paraît donc pas nécessiter la présence
sur le front du commandant de l'armée. Mais celui-ci
n'ignore pas que l'on n'est jamais absolument maître des
événements et qu'une reconnaissance telle que celle
demandée au XII° saxon a souvent dégénéré en bataille
générale. Aussi estime-t-il de son devoir de se tenir à
portée des événements et il s'établit entre ses deux corps
de tête, de façon à parer à l'imprévu.

Il n'est pas d'étude historique qui ne fasse ressortir des
défaillances et des lacunes, même dans l'examen des
chefs-d'œuvre. C'est que ces chefs-d'œuvre sont des
œuvres humaines. La campagne franco-allemande n'est
un chef-d'œuvre ni au point de vue stratégique ni au
point de vue tactique. Des études d'un autre poids que
celle-ci l'ont largement démontré. Il n'en demeure pas
moins que les observations faites précédemment révèlent
chez nos adversaires une instruction tactique assise,
des habitudes d'esprit et de travail longuement incul=

quécs, en un mot, une doctrine ou, si l'on préfère, une méthode d'action posée, réfléchie, prudente mais logique.

C'est bien quelque chose.

La partie n'était pas égale : cette armée devait avoir raison de l'autre.

Travaillons.

Paris. — Imprimerie R. CHAPELOT et Cⁱᵉ, 2, rue Christine.